westermann

Markus Asmuth

AF168263

Programmieren mit PHP

1. Auflage

Bestellnummer 09765

Zusatzmaterialien zu Programmieren mit PHP

Für Lehrerinnen und Lehrer:

Lösungen Download: 978-3-427-09770-9

Lehrerlizenz BiBox Dauerlizenz: 978-3-427-09790-7
Kollegiumslizenz BiBox Dauerlizenz: 978-3-427-09795-2

Für Schülerinnen und Schüler:

Schülerlizenz BiBox Schuljahr: 978-3-427-09780-8

westermann GRUPPE

© 2021 Bildungsverlag EINS GmbH, Köln, www.westermann.de

Druck und Bindung: Westermann Druck GmbH, Braunschweig

ISBN 978-3-427-**09765**-5

Vorwort

PHP ist eine Programmiersprache zur Erstellung dynamischer Webseiten. Häufig wird PHP zusammen mit der Datenbank MySQL eingesetzt. Die im Buch vorgestellten Beispiele und Aufgaben nutzen die Versionen PHP 7 und MySQL 8. Beides sind Open-Source-Produkte, die kostenlos aus dem Internet heruntergeladen werden können.

Anhand des durchgehenden Projekts „Kinocenter" erlernen Sie die professionelle Softwareentwicklung mit PHP und MySQL. Das Projekt „Kinocenter" wird im Laufe des Buches kontinuierlich weiterentwickelt. Dabei sind die einzelnen Kapitel in sich abgeschlossen. Sie haben also auch die Möglichkeit, die Kapitel unabhängig voneinander zu bearbeiten.

Für die Darstellung des Projekts „Kinocenter" im Webbrowser werden grundlegende Sprachelemente von HTML benötigt. HTML ist eine Sprache zur Beschreibung von Webseiten. Die Grundlagen von HTML lernen Sie zu Beginn des Projekts kennen. Der Schwerpunkt des Buches liegt jedoch auf der Anwendungsentwicklung. Das Design der Webseiten wird bei der Entwicklung des Webauftritts für das Kinocenter vernachlässigt.

Zu den einzelnen Themen werden Ihnen viele Übungen angeboten. Diese helfen Ihnen, das Gelernte zu festigen und zu vertiefen.

Hinweis zur geschlechtergerechten Sprache: Um eine gute Lesbarkeit zu gewährleisten, wurde für Angehörige von Gruppen jeweils die männliche Form gewählt (z. B. Programmierer, Benutzer, Besucher). Gemeint sind natürlich immer sowohl Männer als auch Frauen sowie Personen, die sich keinem dieser Geschlechter zugehörig fühlen.

Inhaltsverzeichnis

1	**Das Projekt „Kinocenter": Auftragsbeschreibung**	7
2	**Von der statischen zur dynamischen Webseite**	8
2.1	Programmieren mit PHP	8
2.2	Eine Entwicklungsumgebung einrichten................	9
2.3	Aufbau einer HTML-Seite	13
2.4	Weitere HTML-Sprachelemente	15
2.5	Dynamische Webseiten..........................	17
2.6	Das erste PHP-Skript...........................	18
2.7	Aufgaben...................................	21
3	**Grundlagen der Programmierung mit PHP**	22
3.1	Variablen und Zuweisungen	22
3.2	Aufgaben...................................	26
3.3	Formularauswertung	27
3.4	Aufgaben...................................	30
3.5	Struktogramme	31
3.6	Verzweigungen...............................	32
3.7	Aufgaben...................................	37
3.8	Logische Operatoren	38
3.9	Aufgaben...................................	41
3.10	Mehrfachverzweigungen.........................	42
3.11	Aufgaben...................................	45
3.12	Selbstverweis	46
3.13	Aufgaben...................................	48
3.14	Schleifen	49
3.15	Aufgaben...................................	53
3.16	Arrays....................................	54
3.17	Aufgaben...................................	58
4	**Das Projekt „Kinocenter" – Integration einer Datenbank**	60
4.1	Projektauftrag................................	60
4.2	Softwareentwicklungsmethoden....................	61
4.3	Dokumentation von Software.......................	65
4.4	Aufgaben...................................	67
5	**Das Datenbanksystem MySQL**	68
5.1	Aufbau eines Datenbanksystems	68
5.2	Aufgaben...................................	69
5.3	Entwurf einer relationalen Datenbank	70
5.4	Entity-Relationship-Modell........................	71

5.5	Aufgaben..	76
5.6	Relationales Datenmodell..........................	76
5.7	Aufgaben..	81

6	**Datenbankmanagement mit MySQL**..................	**83**
6.1	Sprachelemente von MySQL.........................	83
6.2	MySQL-Clients...................................	85
6.3	Aufgaben..	88
6.4	Eine Datenbankstruktur definieren..................	88
6.5	Fremdschlüssel und Indizes........................	92
6.6	Änderungen an der Datenbankstruktur vornehmen.....	97
6.7	Zugriffsrechte gewähren und widerrufen..............	100
6.8	Aufgaben..	103
6.9	Daten einfügen...................................	104
6.10	Daten abfragen...................................	107
6.11	Datumsfunktionen................................	115
6.12	Gruppenfunktionen...............................	117
6.13	Abfragen über mehrere Tabellen....................	121
6.14	Daten ändern und löschen.........................	126
6.15	Aufgaben..	129

7	**MySQL-Anfragen in PHP-Skripte einbinden**..........	**133**
7.1	PHP-Anwendung zum Projekt Kinocenter.............	133
7.2	Von PHP aus auf MySQL zugreifen...................	134
7.3	Aufgaben..	140
7.4	Eigene Funktionen erstellen........................	141
7.5	return-Anweisung................................	147
7.6	Wertübergabe....................................	148
7.7	Referenzübergabe................................	151
7.8	Verbindungsdaten auslagern und Fehlermeldungen unterdrücken....................................	152
7.9	Die Datenbank bereinigen..........................	155
7.10	Aufgaben..	157

8	**Das Projekt „Kinocenter" – Kinofilme kommentieren**....	**159**
8.1	Erstellen der PHP-Anwendung.......................	159
8.2	Login-System mit Sessions..........................	163
8.3	Aufgaben..	168
8.4	Absichern der Anwendung gegen Angriffe.............	168
8.5	Aufgaben..	175
8.6	E-Mails aus PHP-Skripten versenden.................	176

9	**Objektorientierte Programmierung**.................	**178**
9.1	Objekte und Klassen..............................	178
9.2	Aufgaben..	182

9.3   Das Projekt „Kinocenter" – eine Jobseite objektorientiert
        entwickeln   184
9.4   Anlegen einer Anzeigenrubrik   190
9.5   Schnittstelle zur Datenbank   195
9.6   Benutzerschnittstelle   198

Stichwortverzeichnis   201

Bildquellenverzeichnis   204

10101010101010101010100101010101001010101010100101010100101010101001010101010
101010101010101010101010100101010100101010101010100101010100101010100101010
101010
101010
1   Das Projekt „Kinocenter": Auftragsbeschreibung   01010
100101
100101

Auftrag

Sie erhalten den Auftrag, für das Kinocenter Ihres Heimatortes einen Webauftritt zu erstellen. Hierbei gehen Sie wie folgt Schritt für Schritt vor:

- Zunächst erstellen Sie eine Webseite mit einer Übersicht der Filmvorführungen. Diese erste Webseite erstellen Sie in HTML.
- Anschließend erweitern Sie das Projekt „Kinocenter" um eine Webseite mit Kinopreisen. Für die Berechnungen der Preise setzen Sie erstmals PHP ein.
- Sie erhalten die Aufgabe, das neue Filmprogramm des Kinocenters in die Webseite einzubinden. Sie entwerfen eine MySQL-Datenbank und speichern das Filmprogramm darin ab.
- Um das Filmprogramm im Webbrowser auszugeben, lesen Sie das Filmprogramm mittels PHP aus der MySQL-Datenbank.
- Die Kinobesucher sollen Filme kommentieren können. Sie entwickeln daher ein Login-System, um die Kommentare zu verwalten. Es ist sicherzustellen, dass die Webseite gegen Hackerangriffe geschützt ist.
- Das Kinocenter will auf der Internetseite auch Jobangebote veröffentlichen. Im letzten Schritt entwickeln Sie einen Anzeigenbereich für das Kinocenter. Für solche größeren Projekte setzen Sie die objektorientierte Programmierung ein.

0101010101010101010101010010101010100101010101010100101010100101010101001010101
0101010101010101010101010100101010100101010101010100101010100101010101010100101
0101 0101
001010 0101
0101 1010
2 Von der statischen zur dynamischen Webseite 0100 1010
01010 0010
010101010101010101010101010101010101010101010101010101010101010101010 0010

2.1 Programmieren mit PHP

PHP steht für „PHP: Hypertext Preprocessor". Die Abkürzung PHP ist also selbst wieder Bestandteil des ausgeschriebenen Namens (der Fachausdruck für solche Abkürzungen lautet „rekursives Akronym").

Einsatzgebiete von PHP

Eingesetzt wird PHP zur Programmierung von Onlineshops, Internetportalen, Gästebüchern oder Content-Management-Systemen. Dabei bietet der kombinierte Einsatz von PHP und MySQL viele Vorteile. Beides sind Open-Source-Produkte, die speziell für den Einsatz in Web-Anwendungen entwickelt wurden. Provider bieten für unterschiedlichste Anforderungen preisgünstigen Webspace an. PHP und MySQL sind im Vergleich zu anderen Programmier-

sprachen und Datenbanksystemen einfach zu erlernen und zu bedienen.

Dynamische Webseiten

HTML ist statisch, d. h. die Browserausgabe eines HTML-Dokuments ist bei jeder Anfrage gleich. Die Programmiersprache PHP wurde speziell für dynamische Webanwendungen entwickelt. Sie erweitert die Möglichkeiten von HTML. Der Ablauf ist wie folgt:

- Ein Webbrowser schickt eine Anfrage an einen Webserver, z. B. an http://example.com/wetter.php.
- Der auf dem Webserver hinterlegte PHP-Code der Datei „wetter.php" wird von PHP ausgeführt. Die PHP-Befehle befinden sich zusammen mit HTML-Code in dieser Datei. Während der Ausführung wird das aktuelle Wetter ermittelt. PHP setzt die Ergebnisse zu einer HTML-Seite zusammen.
- Der Webserver schickt die dynamisch erzeugte HTML-Seite an den Browser.

> **Statische Internetseiten liefern dem Webbrowser bei jedem Aufruf die gleiche Seite. Dynamische Internetseiten antworten mit im Moment der Anfrage generierten HTML-Seiten.**

PHP-Interpreter

PHP ist eine interpretierende Sprache, d. h., nach einer Anfrage an den Webserver wird der Quellcode Zeile für Zeile interpretiert und vom Prozessor des Webservers ausgeführt. Eine interpretierende Sprache wird auch Skriptsprache genannt.

Im Gegensatz dazu kompilieren Sprachen wie C und Java den Quellcode zunächst. Es wird eine ausführbare Datei erstellt, die dann direkt vom Prozessor verarbeitet werden kann.

> **PHP ist eine Skriptsprache. Der Quellcode wird bei jedem Aufruf der Webseite vom PHP-Interpreter ausgeführt.**

Die Syntax von PHP ist an die Syntax der Programmiersprache C angelehnt. Werden die Projekte größer, kann in PHP – wie in jeder modernen Programmiersprache – die objektorientierte Programmierung eingesetzt werden.

Entwicklungsumgebung

PHP läuft u. a. auf Linux- und Windows-Betriebssystemen. Ein Schwerpunkt von PHP liegt auf der Unterstützung einer Vielzahl von Datenbanken. Häufig wird PHP zusammen mit der Datenbank MySQL auf dem Webserver Apache eingesetzt.

Das relationale Datenbanksystem MySQL dient der Erzeugung einer Datenbankstruktur sowie dem Bearbeiten von Datensätzen. Grundlage ist der SQL-Standard (SQL = **S**tructured **Q**uery **L**anguage). SQL ist die am häufigsten benutzte Sprache für relationale Datenbanksysteme. MySQL zeichnet sich durch seine Geschwindigkeit, Robustheit und einfache Bedienung aus.

2.2   Eine Entwicklungsumgebung einrichten

Installation von PHP, MySQL und Apache

Bevor es an die Programmierung des Projekts „Kinocenter" geht, müssen Sie sich eine lokale Arbeitsumgebung unter Windows oder Linux einrichten. Hauptbestandteile sind die Programmiersprache PHP, das relationale Datenbanksystem MySQL und der Webserver Apache.

Auf den folgenden Projektseiten finden Sie die entsprechenden Downloads:

- http://de.php.net/
- http://www.mysql.com/
- http://www.apache.org/

Beachten Sie – vor allem bei kommerzieller Nutzung – die Lizenzbedingungen von PHP, MySQL und Apache.

Die mitgelieferten Installationsanleitungen führen Sie durch die Installation und Konfiguration.

Konfiguration von PHP

Konfigurationen für PHP werden in der Textdatei „php.ini" vorgenommen, die Sie mit einem beliebigen Texteditor öffnen können. Lesen Sie sich die Einstellungen und die englischen Kommentare in Ruhe durch. Kommentare werden immer mit einem Semikolon am Zeilenanfang eingeleitet.

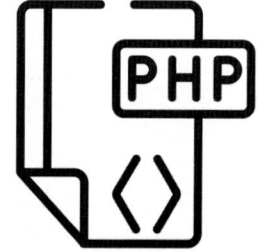

Die voreingestellte Konfiguration in der Datei „php.ini" ist auf Produktionsumgebungen (z. B. eine bereits online gestellte Website) und nicht auf Entwicklungsumgebungen ausgerichtet. Natürlich können Sie Änderungen an einzelnen Einstellungen entsprechend Ihren Bedürfnissen vornehmen. Dieses Buch legt folgende Einstellungen in allen PHP-Skripten zugrunde:

```
error_reporting = E_ALL
display_errors = On
session.use_cookies = On
```

Mit den Einstellungen error_reporting = E_ALL und display_errors = On werden Fehler, Warnungen und Hinweise ausgegeben. Die Einstellung session.use_cookies = On wird für das sessionbasierte Login-System des Projekts „Kinocenter" vorausgesetzt.

Haben Sie bei einem Provider Webspace gemietet, können Sie in der Regel keine Änderungen an der Konfiguration vornehmen. Weiter unten ist beschrieben, wie Sie sich die aktive Konfiguration Ihres Providers anzeigen lassen können.

Im Abschnitt „About this file" der Datei „php.ini-production" wird der Unterschied der Einstellungen im Vergleich zu einer Entwicklungsumgebung verdeutlicht. In einer Produktionsumgebung sollen die Einstellungen die Effizienz und Sicherheit des PHP-Codes erhöhen und setzen daher einen „sauber" entwickelten Quellcode voraus:

```
[...]
===================
; About this file ;
===================
; PHP comes packaged with two INI files. One that is recommended to be used
; in production environments and one that is recommended to be used in
; development environments.

; php.ini-production contains settings which hold security, performance and
; best practices at its core. But please be aware, these settings may break
; compatibility with older or less security conscience applications. We
; recommend using the production ini in production and testing environments.

; php.ini-development is very similar to its production variant, except it is
; much more verbose when it comes to errors. We recommend using the
; development version only in development environments, as errors shown to
; application users can inadvertently leak otherwise secure information.
[...]
```

Abb. 2.1: Auszug aus der Datei „php.ini-production"

Von PHP wird grundsätzlich die Datei „php.ini" ausgewertet. Um die Datei „php.ini-development" auszuwählen, benennen Sie diese in „php.ini" um. Anschließend muss der Webserver Apache neu gestartet werden, damit die Änderungen wirksam werden.

> **Konfigurationen für PHP werden über Parameter in der Textdatei „php.ini" gesetzt.**

Konfiguration von MySQL

Der MySQL-Server startet ohne Passwort für den MySQL-Benutzer „root" (nicht zu verwechseln mit dem Benutzer „root" von Linux). Der Benutzer „root" hat die vollen Zugriffsrechte auf den MySQL-Server. Zunächst sollte für „root" ein Passwort gesetzt werden. Nutzen Sie hierzu das Tool „mysqladmin" im Verzeichnis „bin" des MySQL-Verzeichnisses.

Um für den Benutzer „root" das Passwort „geheim" zu setzen, sind folgende Kommandozeilen erforderlich: für Linux

```
/usr/bin> mysqladmin -uroot password geheim
```

bzw. für Windows

```
d:\mysql\bin> mysqladmin -uroot password geheim
```

Test der Entwicklungsumgebung

Die aktiven Einstellungen können Sie mit einem kleinen PHP-Skript, das die Funktion phpinfo() aufruft, anzeigen und überprüfen. Erstellen Sie in einem Texteditor die Datei „phpinfo.php" mit den Zeilen

```php
<?php
 phpinfo();
?>
```

Speichern Sie die Datei im Dokumentenverzeichnis des Apache-Webservers ab (Pfad siehe Apache-Dokumentation). Starten Sie den lokalen Webserver und rufen Sie dann das PHP-Skript auf, indem Sie im Webbrowser folgende URL eingeben: http://localhost/phpinfo.php

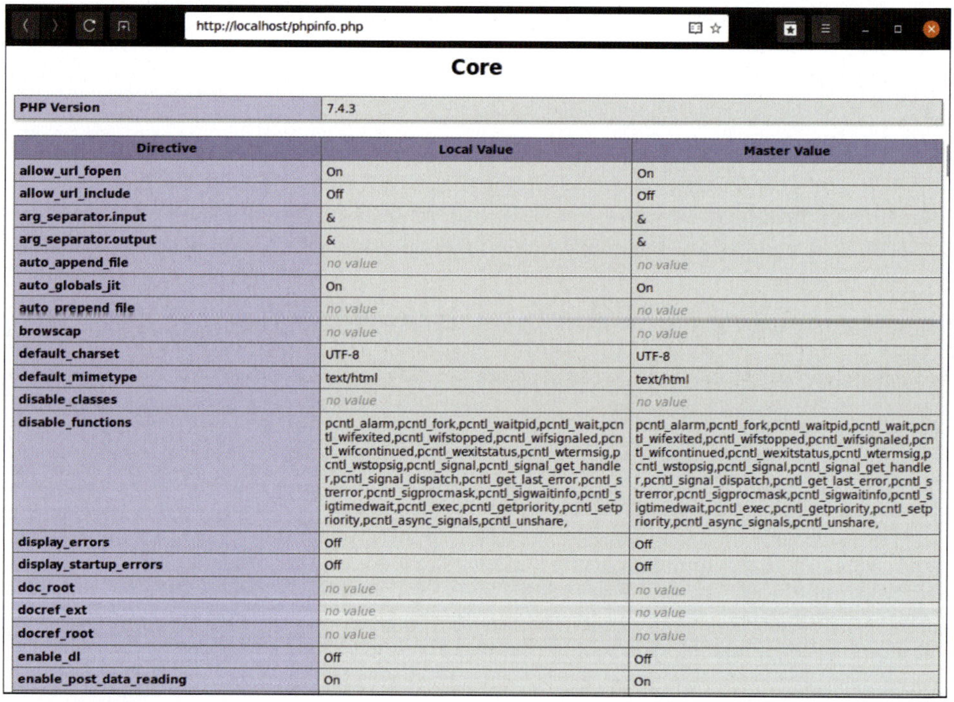

Core

PHP Version	7.4.3	
Directive	**Local Value**	**Master Value**
allow_url_fopen	On	On
allow_url_include	Off	Off
arg_separator.input	&	&
arg_separator.output	&	&
auto_append_file	no value	no value
auto_globals_jit	On	On
auto_prepend_file	no value	no value
browscap	no value	no value
default_charset	UTF-8	UTF-8
default_mimetype	text/html	text/html
disable_classes	no value	no value
disable_functions	pcntl_alarm,pcntl_fork,pcntl_waitpid,pcntl_wait,pcntl_wifexited,pcntl_wifstopped,pcntl_wifsignaled,pcntl_wifcontinued,pcntl_wexitstatus,pcntl_wtermsig,pcntl_wstopsig,pcntl_signal,pcntl_signal_get_handler,pcntl_signal_dispatch,pcntl_get_last_error,pcntl_strerror,pcntl_sigprocmask,pcntl_sigwaitinfo,pcntl_sigtimedwait,pcntl_exec,pcntl_getpriority,pcntl_setpriority,pcntl_async_signals,pcntl_unshare,	pcntl_alarm,pcntl_fork,pcntl_waitpid,pcntl_wait,pcntl_wifexited,pcntl_wifstopped,pcntl_wifsignaled,pcntl_wifcontinued,pcntl_wexitstatus,pcntl_wtermsig,pcntl_wstopsig,pcntl_signal,pcntl_signal_get_handler,pcntl_signal_dispatch,pcntl_get_last_error,pcntl_strerror,pcntl_sigprocmask,pcntl_sigwaitinfo,pcntl_sigtimedwait,pcntl_exec,pcntl_getpriority,pcntl_setpriority,pcntl_async_signals,pcntl_unshare,
display_errors	Off	Off
display_startup_errors	Off	Off
doc_root	no value	no value
docref_ext	no value	no value
docref_root	no value	no value
enable_dl	Off	Off
enable_post_data_reading	On	On

Abb. 2.2: Ausgabe von phpinfo()

Die Browserausgabe (Abbildung 2.2) zeigt eine ausführliche Liste mit der aktiven Konfiguration von PHP. Sie können das PHP-Skript auch einsetzen, um die PHP-Konfiguration des Webspace bei Ihrem Provider abzufragen.

> Mit http://localhost/ **werden die Webseiten des eigenen lokal installierten Webservers aufgerufen.**

2.3   Aufbau einer HTML-Seite

Auftrag

Für das Projekt „Kinocenter" soll eine Willkommensseite in HTML erstellt werden.

Bestandteile von HTML

Für die Programmierung von Webseiten mit PHP benötigen Sie grundlegende Kenntnisse über den Aufbau von Webseiten in HTML (**H**yper-**T**ext **M**arkup **L**anguage). HTML ist eine Sprache zur Beschreibung von Webseiten. Sie beschreibt das Layout und Design eines Dokuments. Mit HTML lassen sich typische Elemente eines Dokuments darstellen, z. B.:

- Überschriften
- Tabellen
- Textabsätze
- Listen
- Formulare
- Grafiken

HTML-Tags

Ein HTML-Dokument besteht aus Text und aus sogenannten HTML-Tags. HTML-Tags sind Steuerzeichen, die vom Webbrowser ausgewertet werden.

HTML-Tags werden durch die Zeichen < und > eingeschlossen, z. B. . In den meisten Fällen wird ein Start-Tag durch ein zugehöriges Ende-Tag abgeschlossen. Das Ende-Tag ist von den Zeichen </ und > umgeben, z. B. .

Der HTML-Code

```
<b>Willkommen in Ihrem Kinocenter</b>
```

wird vom Browser als fett geschriebener Text **„Willkommen in Ihrem Kinocenter"** ausgegeben (b für engl. *bold*, fettgedruckt). Die Steuerzeichen bzw. Tags werden nicht mit ausgegeben.

> **HTML-Tags beschreiben den Aufbau von Webseiten.**

Grundgerüst einer HTML-Seite

Eine HTML-Seite unterteilt sich in die zwei Hauptbestandteile, und zwar in Head (Kopf) und Body (Körper):

```
<html>
<head>
   <title>Der Titel erscheint im Kopf des Browserrahmens.</title>
</head>
<body>
   Hier steht der Inhalt für das Hauptfenster des Browsers.
</body>
</html>
```

Das Tag <html> zeigt den Beginn der HTML-Seite, das zugehörige Ende-Tag </html> beendet sie. Im Bereich zwischen <head><title> und </title></head> erscheint die Überschrift, die im Kopf des Browserrahmens ausgegeben wird. Der eigentliche Inhalt, der im Hauptfenster des Browsers erscheint, wird durch <body> und </body> umschlossen.

Damit sind Sie jetzt in der Lage, mit HTML eine Willkommensseite für das Projekt „Kinocenter" zu erstellen:

willkommen.html

```
<html>
<head>
 <title>Kinocenter</title>
</head>
<body>
   <b>Willkommen in Ihrem Kinocenter</b><br><br>
   Sehen Sie die neuesten Filme hier im Kinocenter!
</body>
</html>
```

Abbildung 2.3 zeigt die Ausgabe des HTML-Codes im Webbrowser:

Abb. 2.3: Willkommensseite in HTML

Ergänzt sei noch, dass das Tag <br> einen Zeilenumbruch erzeugt (engl. *line break*, Zeilen-umbruch).

2.4   Weitere HTML-Sprachelemente

Auftrag

Das Filmprogramm des Kinocenters soll in einer HTML-Tabelle ausgegeben werden, in der auch der Kinosaal und die Filmlänge angezeigt werden.

Die Beispiele in diesem Buch beschränken sich auf ein Minimum an HTML. Das Design der mittels HTML und anderer Designtechniken entwickelten Internetseiten wird vernachläs-sigt. Es steht Ihnen frei, die PHP-Skripte um weitere HTML-Elemente zu ergänzen und das Design Ihrer Webseiten zu verbessern.

HTML-Tabellen

Tabellen können zur Strukturierung des Layouts eingesetzt werden. Um in der Browser-ausgabe eine tabellarisch aufgebaute Übersicht des Filmprogramms zu erzeugen (siehe Abb. 2.4), verwenden Sie folgenden HTML-Code:

filmprogramm.html

```
<html>
<head>
    <title>Aktuelles Filmprogramm</title>
</head>
<body>
<b>Zurzeit laufen im Kinocenter folgende Filme:</b><br><br>
<table border="1">
    <colgroup>
        <col width=100>
        <col width=220>
        <col width=150>
    </colgroup>
    <tr>
        <th><b>Kinosaal</b></th>
        <th><b>Film</b></th>
        <th><b>Dauer</b></th>
    </tr>
    <tr>
        <td>1</td>
        <td>Yellowstone River</td>
        <td>135 Minuten</td>
    </tr>
    <tr>
        <td>6</td>
```

```
            <td>Vor langer Zeit</td>
            <td>90 Minuten</td>
        </tr>
        <tr>
            <td>3</td>
            <td>Geheimnis des Aequators</td>
            <td>120 Minuten</td>
        </tr>
</table>
</body>
</html>
```

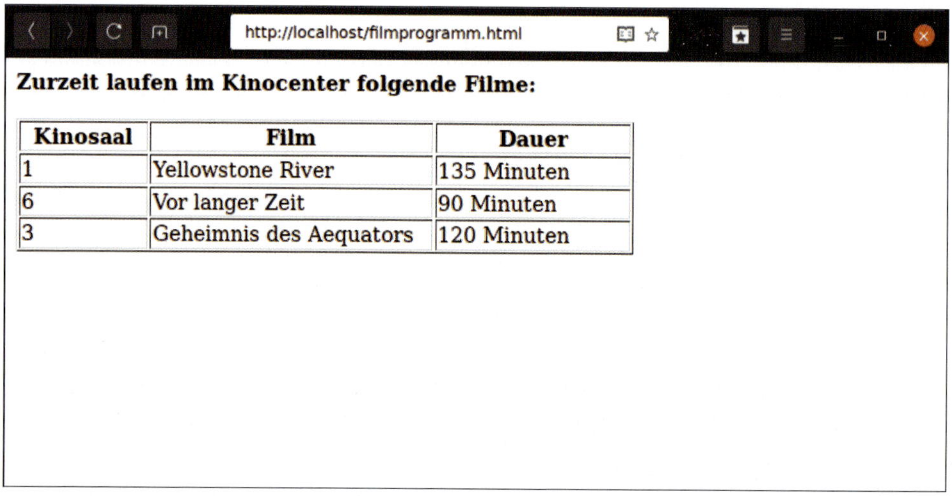

Zurzeit laufen im Kinocenter folgende Filme:

Kinosaal	Film	Dauer
1	Yellowstone River	135 Minuten
6	Vor langer Zeit	90 Minuten
3	Geheimnis des Aequators	120 Minuten

Abb. 2.4: Darstellung des Filmprogramms in einer HTML-Tabelle

Die Tabelle ist im oben stehenden HTML-Skript zwischen den Tags <table> und </table> definiert. Außerdem werden folgende Tags benutzt:

- colgroup: Im Bereich zwischen <colgroup> und </colgroup> werden mit <col width=...> die Spaltenweiten in Pixel definiert (engl. *column*, Spalte).
- tr: Die Tags <tr> und </tr> umschließen eine Zeile der Tabelle (engl. *table row*, Tabellenzeile).
- td: Innerhalb einer Zeile werden die einzelnen Felder durch <td> und </td> begrenzt (engl. *table data*, Tabellendaten).
- th: Überschriften definieren Sie mit <th> und </th> (engl. *table header*, Tabellenkopf).

Umlaute

In der Browserausgabe (Abb. 2.4) wird der Umlaut „Ä“ als „Ae“ ausgegeben. Mit HTML-Code lassen sich jedoch auch Umlaute darstellen. Für den Umlaut Ä wird Ä gesetzt.

Wenn Sie z. B. den Film „Geheimnis des Äquators“ mit Umlaut darstellen wollen, schreiben Sie in HTML:

```
<td>Geheimnis des &Auml;quators</td>
```

Das allgemeine Schema für die Beschreibung von Umlauten ist: & – Vokal – uml;

Alternativ kann die Zeichenkodierung „UTF-8" für eine HTML-Seite festgesetzt werden. Die Definition erfolgt im Kopfbereich der HTML-Seite mit der meta-Angabe charset (engl. *character set*, Zeichenkodierung).

```
<head>
    <meta charset="utf-8">
    <title>Aktuelles Filmprogramm</title>
</head>
```

Sie müssen die Umlaute jetzt nicht mehr händisch umwandeln, sondern können diese direkt im Text setzen:

```
<td>Geheimnis des Äquators</td>
```

2.5   Dynamische Webseiten

Ein reines HTML-Dokument erzeugt bei jedem Aufruf dieselbe Ausgabe. Viele Internetanwendungen liefern dem Webbrowser aber Informationen, die erst im Augenblick des Aufrufs zusammengestellt werden. Beispielsweise werden das aktuelle Datum und die Uhrzeit vom Webserver bestimmt oder die Informationen über das aktuelle Filmprogramm werden aus einer Datenbank abgerufen. PHP erzeugt dynamische Webseiten, indem HTML-Code um PHP-Befehle erweitert wird.

Die folgende Prinzipskizze (Abbildung 2.5) zeigt die Funktionsweise einer dynamischen Webseite mit PHP-Modul und MySQL-Datenbank.

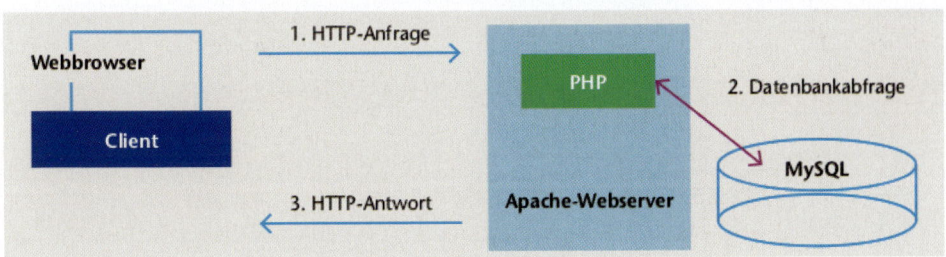

Abb. 2.5: Funktionsweise einer dynamischen, datenbankgestützten Webseite

Die einzelnen Schritte laufen wie folgt ab:

- **Schritt 1:** Der Webbrowser sendet eine HTTP-Anfrage (HTTP = **H**ypertext **T**ransfer **P**rotocol) an den Webserver, diese lautet z. B. http://www.example.com/kinoprogramm.php. Das HTTP-Protokoll dient der Kommunikation zwischen Client und Server in einem TCP/

IP-Netzwerk. TCP/IP ist eine Sammlung von Netzwerkprotokollen. Das Internet und die meisten lokalen Netzwerke basieren auf TCP/IP.

- **Schritt 2:** Da eine PHP-Datei angefragt wurde, ruft Apache das integrierte PHP-Modul auf. PHP interpretiert das PHP-Skript „kinoprogramm.php" Zeile für Zeile. Während der Ausführung wird eine Verbindung zur MySQL-Datenbank hergestellt und Daten werden aus der Datenbank abgefragt. Das PHP-Skript erzeugt eine HTML-Seite.
- **Schritt 3:** Apache schickt die dynamisch erstellte HTML-Seite als HTTP-Antwort an den Webbrowser. Dieser stellt die HTML-Seite auf dem Bildschirm dar. Es besteht keine dauerhafte Verbindung zwischen Client und Server.

2.6   Das erste PHP-Skript

Auftrag

Für das Kinocenter soll eine Webseite erstellt werden, die das Filmprogramm in einer HTML-Tabelle ausgibt. Zusätzlich soll das aktuelle Datum angezeigt werden.

Nachdem in Kapitel 2.5 das Prinzip dynamischer Webanwendungen erläutert wurde, soll jetzt ein erstes PHP-Skript implementiert werden.

Starten Sie den Webserver Apache und einen Webbrowser. Das PHP-Skript arbeitet ohne Datenbankabfrage, d. h., MySQL muss nicht gestartet werden. Da Webserver und Webbrowser beide auf Ihrem lokalen Rechner laufen, ist Ihr Rechner gleichzeitig Client und Server.

PHP-Code

Geben Sie nun den nachfolgenden PHP-Code in einen Texteditor ein und speichern Sie ihn im Dokumentenverzeichnis von Apache unter dem Namen „filmprogramm_heute.php". Wenn eine Datei PHP-Code enthält, dann ist diese mit der Endung „.php" abzuspeichern. Damit erkennt der Webserver, dass im HTML-Code PHP-Code eingebettet ist.

filmprogramm_heute.php

```
<html>
<head><title>Aktuelles Filmprogramm</title></head>
<body>
<?php
  echo"<b>Filmprogramm von heute, dem </b>";
  echo date("d.m.Y");
?>
<br><br>
<table border="1">
   <colgroup>
      <col width=100>
      <col width=220>
      <col width=150>
   </colgroup>
```

In HTML eingebetteter PHP-Code

```
<tr>
    <th><b>Kinosaal</b></th>
    <th><b>Film</b></th>
    <th><b>Dauer</b></th>
</tr>
<tr>
    <td>1</td>
    <td>Yellowstone River</td>
    <td>135 Minuten</td>
</tr>
<tr>
    <td>6</td>
    <td>Vor langer Zeit</td>
    <td>90 Minuten</td>
</tr>
<tr>
    <td>3</td>
    <td>Geheimnis des &Auml;quators</td>
    <td>120 Minuten</td>
</tr>
</table>
</body>
</html>
```

Rufen Sie im Webbrowser die Adresse http://localhost/filmprogramm_heute.php auf.

Mit „localhost" wird der Entwicklungsrechner bezeichnet. Das in Apache integrierte PHP-Modul greift auf die im Dokumentenverzeichnis hinterlegte Datei „filmprogramm_heute. php" zu. Abbildung 2.6 zeigt die Ausgabe im Webbrowser.

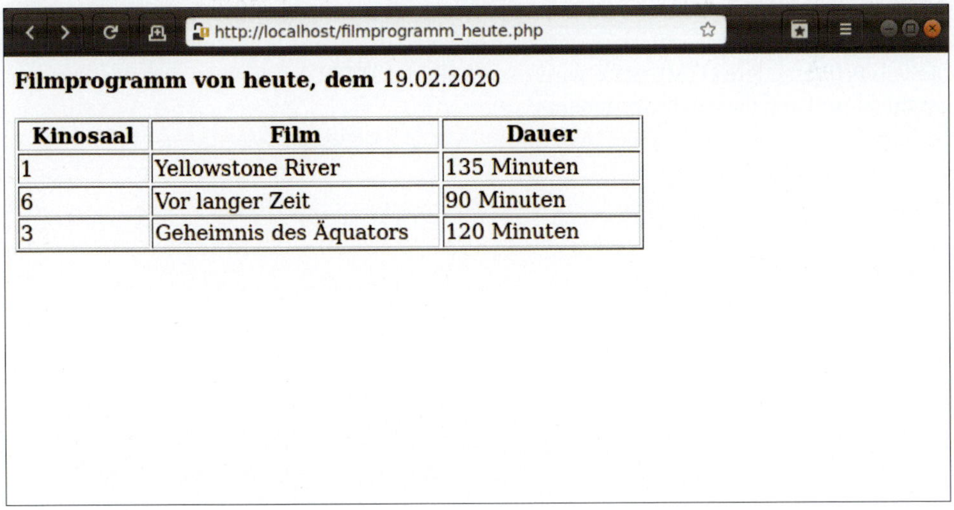

Filmprogramm von heute, dem 19.02.2020

Kinosaal	Film	Dauer
1	Yellowstone River	135 Minuten
6	Vor langer Zeit	90 Minuten
3	Geheimnis des Äquators	120 Minuten

Abb. 2.6: Anzeige des Kinoprogramms mit aktuellem Datum mittels eines PHP-Skripts

PHP-Modus

Der auf dem Webserver Apache laufende PHP-Interpreter interpretiert das PHP-Skript Zeile für Zeile. Die ersten Zeilen sind reines HTML.

> Mit **<?php** wird vom HTML-Modus in den PHP-Modus gewechselt. Durch **?>** wird der PHP-Modus beendet und der Interpreter wechselt zurück in den HTML-Modus.

Zwischen den beiden Begrenzern führt der Interpreter den PHP-Code aus. Im Beispiel wird in beiden Befehlszeilen die Funktion echo aufgerufen. Diese fügt eine Zeichenkette in die zu erstellende HTML-Seite ein. In der Zeile

```
echo"<b>Filmprogramm von heute, dem </b>";
```

steht die auszugebende Zeichenkette in Anführungszeichen. Innerhalb der Anführungszeichen können auch HTML-Tags eingefügt werden, wie hier <b> und </b>.

> **Jeder PHP-Befehl wird am Zeilenende mit einem Semikolon abgeschlossen.**

Die zweite Befehlszeile

```
echo date("d.m.Y");
```

gibt ebenfalls eine Zeichenkette in die HTML-Seite aus. Jedoch wird hier die Zeichenkette von der PHP-Funktion date() zurückgegeben. Innerhalb der Klammern wird der Funktion date() das gewünschte Ausgabeformat mitgeteilt. Im betrachteten Fall soll der Tag (d für *day*), ein Punkt, der Monat (m für *month*), wieder ein Punkt und das Jahr (Y für *year*) zurückgeliefert werden.

Die von PHP erzeugte HTML-Seite wird innerhalb der HTTP-Antwort an den Webbrowser geschickt und von diesem ausgegeben.

2.7   Aufgaben

1 Fügen Sie in die Willkommensseite ein Bild des Kinocenters ein. Ein Bild wird eingefügt mit: `<img src="Pfad/Dateiname">`. Speichern Sie die HTML-Seite als Datei unter dem Namen „willkommen_kinocenter.html" ab und rufen Sie diese anschließend im Webbrowser auf. Die Ausgabe sollte wie folgt aussehen:

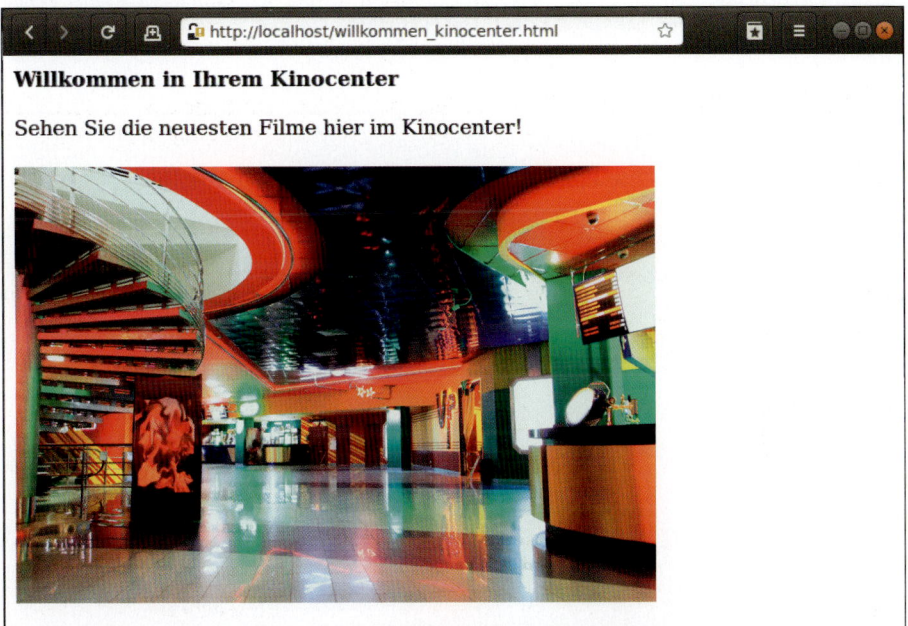

2 Erstellen Sie eine HTML-Seite, in der das Wochenendprogramm in einer Tabelle wie folgt angezeigt wird:

	Freitag	Samstag	Sonntag
15:00 Uhr	Vor langer Zeit	Vor langer Zeit	Vor langer Zeit
18:00 Uhr	Geheimnis des Äquators	Geheimnis des Äquators	Geheimnis des Äquators
20:00 Uhr	Yellowstone River	Yellowstone River	Yellowstone River

3 Ergänzen Sie die Webseite aus Aufgabe 2 um die Angabe des aktuellen Datums und der Uhrzeit. Sehen Sie sich hierzu die Beschreibung zur Funktion date() auf der Internetseite http://de.php.net/ an.

3   Grundlagen der Programmierung mit PHP

3.1   Variablen und Zuweisungen

Auftrag

Für das Kinocenter soll als nächstes eine Webseite erstellt werden, auf der die Eintrittspreise angezeigt werden. Der Eintrittspreis beträgt zurzeit 11,00 €. Hat jemand eine „Kinokarte", d. h. eine Kunden-Treuekarte, dann erhält er 10 % Rabatt.

Der reduzierte Kinopreis berechnet sich, indem vom normalen Preis 10 % subtrahiert werden:
Preis mit Kinokarte = Preis - 10 % · Preis

Setzt man den aktuellen Eintrittspreis ein, ergibt sich:
Preis mit Kinokarte = 11,00 € – 10 % · 11,00 € = 9,90 €

Das folgende PHP-Skript „eintrittspreise.php" führt diese Berechnung automatisch aus:

eintrittspreise.php

```
<html>
<head>
        <title>Kinocenter</title>
</head>
<body>
<?php
$preis=11.00;
$rabatt_kinokarte=10.0;

$preis_kinokarte=$preis-$rabatt_kinokarte/100.0*$preis;

echo"Preis: $preis EUR<br>";
echo"mit Kinokarte: $preis_kinokarte EUR";
?>
</body>
</html>
```

Die Berechnungsergebnisse werden an den Webbrowser zurückgegeben (Abbildung 3.1).

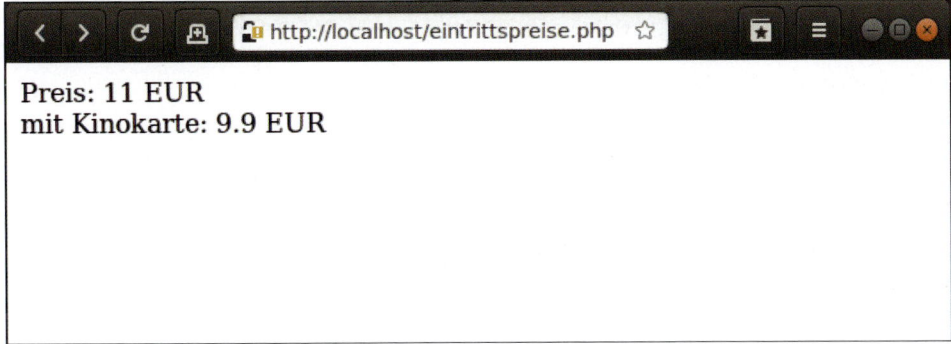

Abb. 3.1: Berechnungsergebnis des Skripts „eintrittspreise.php"

Während der Ausführung des Skripts werden Werte in Variablen gespeichert. Eine Variable gibt einer Speicherstelle im Arbeitsspeicher einen Namen, im obigen Skript z. B. $preis.

> **In PHP wird allen Variablennamen ein Dollarzeichen $ vorangestellt.**

Zuweisungen

Der Wert 11.00 wird in der Variable $preis abgespeichert:

```
$preis=11.00;
```

> **Eine Zuweisung ist eine Anweisung, durch die eine Variable einen Wert erhält.**

Die Zuweisung

```
$preis_kinokarte=$preis-$rabatt_kinokarte/100.0*$preis;
```

greift auf die Variable $rabatt_kinokarte und den in ihr abgelegten Wert 10.0 zurück. Der Variablen $preis_kinokarte wird die Differenz 9.90 zugewiesen.

Anweisungen

Es gibt Anweisungen, die Berechnungen durchführen können, und Anweisungen, die die Reihenfolge im Programmablauf ändern. Zur ersten Art gehören:

- Zuweisungen
- Funktionsaufrufe
- Ausgabeanweisungen

Zur zweiten Art zählen die folgenden Kontrollstrukturen:

- Verzweigung
- Mehrfachverzweigung
- kopfgesteuerte und fußgesteuerte Schleife

Im Verlauf dieses Kapitels werden Sie die verschiedenen Anweisungen einsetzen.

Datentypen

Anders als in den meisten Programmiersprachen, muss der Programmierer Variablen in PHP keinem Datentyp zuordnen. Ein Datentyp gibt an, ob die Speicherstelle eine ganze Zahl, eine Fließkommazahl oder z. B. eine Zeichenkette aufnehmen soll. PHP erkennt den Datentyp aus dem Zusammenhang. Da 11.00 eine Fließkommazahl ist, ordnet PHP die Variable $preis automatisch diesem Datentyp zu. Nachkommastellen werden durch einen Punkt eingeleitet.

Die folgende Tabelle zeigt Beispiele für Datentypen, die in PHP-Skripten häufig herangezogen werden.

Datentyp	Beispiel	Beschreibung
Integer (int)	`$anzahl_kinobesucher = 30;`	Ganze Zahlen
Fließkommazahl (float)	`$preis = 11.00;`	Zahlen mit Nachkommastellen
Boolean (bool)	`$bezahlt = true;`	Wahrheitswert, entweder *true* (wahr) oder *false* (falsch)
Zeichenkette (string)	`$begruessung = "Willkommen im Kinocenter";`	Wörter oder Texte; diese sind in Anführungszeichen zu setzen

echo

Mit der echo-Anweisung

```
echo"Preis: $preis EUR<br>";
```

wird die Zeichenkette Preis: 11 EUR <br> in die dynamisch generierte HTML-Seite eingefügt. Variablen innerhalb der Zeichenkette werden durch den abgespeicherten Wert ersetzt. Im beschriebenen Fall wird die Variable $preis durch den Wert 11 ersetzt.

number_format()

Wenn Sie den Preis mit zwei Nachkommastellen ausgeben wollen, dann können Sie die PHP-Funktion number_format() einsetzen. Folgende Parameter werden der Funktion übergeben:

- zu rundende Variable
- Anzahl der Nachkommastellen
- Komma als Trennzeichen
- ein Leerzeichen für die Gruppierung der Tausender

Zusammen mit echo wird der formatierte Wert auf den Bildschirm ausgegeben.

Zu rundende Variable   Zwei Nachkommastellen

```
echo number_format($preis,2,',',' ');
```

Im nächsten Codebeispiel „eintrittspreise_cents.php" wird die PHP-Funktion number_format() eingesetzt.

Kommentare

Der PHP-Code soll jetzt noch um Kommentarzeilen erweitert werden. Die Kommentare dienen der besseren Lesbarkeit des Quellcodes.

> **Ein Kommentar in PHP wird mit zwei Schrägstrichen // eingeleitet.**

Bei der Ausführung des Programms werden die Kommentare von PHP ignoriert. Kommentare können eine komplette Zeile umfassen oder auch an das Ende einer Befehlszeile gesetzt werden. Weitere Möglichkeiten des Kommentierens und Regeln für das Kommentieren werden in Kapitel 4.3 „Dokumentation von Software" behandelt.

Die um Kommentare und um eine Ausgabeformatierung erweiterte Datei „eintrittspreise_cents.php" enthält folgenden Code:

eintrittspreise_cents.php

```
<html>
<head>
        <title>Kinocenter</title>
</head>
<body>
<?php
//Initialisierungen
$preis=11.00; //in Euro
$rabatt_kinokarte=10.0; //in Prozent

//Berechnung des Preises mit Kinokarte
$preis_kinokarte=$preis-$rabatt_kinokarte/100.0*$preis;

//Browserausgabe
echo"<b>Eintrittspreise</b><br><br>";
echo"Preis: ";
echo number_format($preis,2,',',' ');
echo" EUR<br>";
echo"mit Kinokarte: ";
echo number_format($preis_kinokarte,2,',',' ');
echo" EUR";
?>
</body>
</html>
```

Im Webbrowser werden jetzt die Preise mit Centangabe ausgegeben (Abbildung 3.2).

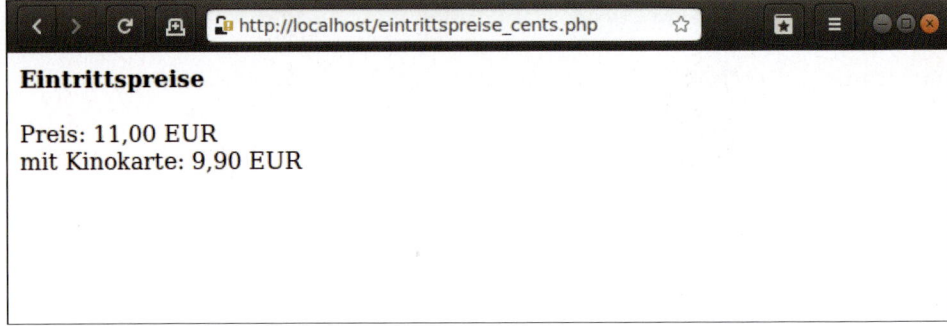

Abb. 3.2: Formatierte Ausgabe mit zwei Nachkommastellen

Initialisierungen

> **Zu Beginn des PHP-Codes werden Initialisierungen vorgenommen, d. h., Variablen werden mit einem Startwert versehen.**

Wenn sich ein Startwert ändert, z. B. weil sich der Eintrittspreis erhöht, dann muss diese Änderung nur einmal an zentraler Stelle vorgenommen werden. Im Skript „eintrittspreise_cents.php" wurden die beiden Variablen $preis und $rabatt_kinokarte initialisiert:

```
$preis=11.00;
$rabatt_kinokarte=10.0;
```

3.2   Aufgaben

1 Sie erhalten den Auftrag, für die Webpräsenz Ihres Unternehmens eine Datei „brutto. php" zu erstellen. Das PHP-Skript gibt die Mehrwertsteuer in Euro (zu 19 %) und den Bruttopreis eines vom Unternehmen vermarkteten Artikels aus. Der Artikel kostet netto 249,00 €.

2 Auf einer internen Webseite sollen Sie die Zusammensetzung der Selbstkosten eines Artikels veranschaulichen. Der Artikel wurde zu 149,00 € bezogen, folgende Kostenanteile sind darin enthalten:
- Lieferantenrabatt: 7 %
- Lieferantenskonto: 2 %
- Bezugskosten: 7,00 €

Der Handlungskostenzuschlag beträgt 15 %.
Erstellen Sie ein PHP-Skript „kalkulation.php" zur Berechnung der Selbstkosten.

3 Ein Serverraum hat einen Jahresstromverbrauch von 18 000 kWh. Der Arbeitspreis beträgt 18,50 Cent/kWh und der Grundpreis liegt bei 24,95 €/Monat (Bruttopreise). Berechnen Sie mittels eines PHP-Skripts „serverraum.php" die Jahresbruttokosten des Serverraums.

3.3   Formularauswertung

Auftrag

Der Auftraggeber wünscht eine Seite, die bei mehreren Kinobesuchern den Gesamtpreis berechnet. Ein Erwachsener zahlt 11,00 € und ein Kind 8,00 €. Der Benutzer gibt die Anzahl der Karten für Erwachsene und für Kinder an.

Um die Anforderungen zu realisieren, werden zwei Dateien erstellt. Die HTML-Datei „eingabe.html" gibt ein Formular im Webbrowser aus. Dieses besteht aus

- einem Eingabefeld für die Anzahl der Erwachsenen,
- einem Eingabefeld für die Anzahl der Kinder und
- einen „Submit-Button" zum Abschicken des Formulars.

Die PHP-Datei „auswerten.php" erfüllt drei Teilaufgaben. Sie

- nimmt die Formulareingaben entgegen,
- berechnet den Gesamtpreis und
- gibt die Ergebnisse aus.

HTML-Formulare

eingabe.html

```
<html>
<head><title>Kinocenter</title></head>
<body>
<b>Tickets</b><br><br>
<form action="./auswerten.php" method="get">
Anzahl Erwachsene:
<input type="text" name="erwachsene" size="2"><br>
Anzahl Kinder:
<input type="text" name="kinder" size="2"><br>
<input type="submit" value="Berechnen">
</form>
</body>
</html>
```

In dieses Formular gibt der Kinobesucher die Anzahl der Erwachsenen und die Anzahl der Kinder ein (Abbildung 3.3).

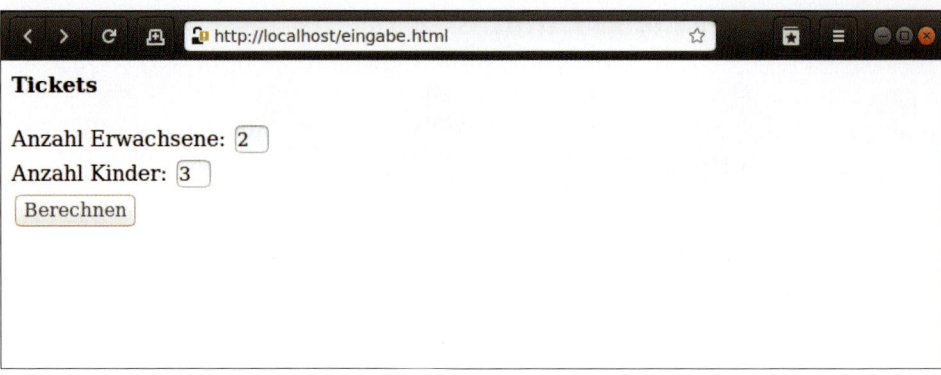

Abb. 3.3: HTML-Formular mit Eingabefeldern und Submit-Button

Ein HTML-Formular wird durch das HTML-Tag <form> eingeleitet und durch </form> beendet. Das Attribut action="./auswerten.php" bestimmt die Datei, die mit dem Abschicken des Formulars aufgerufen wird.

> Mit ./ wird auf das aktuelle Verzeichnis verwiesen. Mit ../ kann um eine Verzeichnisebene nach oben gewechselt werden.

Der Bestandteil ./auswerten.php teilt dem Server mit, dass die Datei „auswerten.php" im gleichen Verzeichnis liegt wie die aufrufende Datei „eingabe.html".

Wenn Sie konsequent relative Verzeichnispfade angeben, können Sie Ihre Projekte unkompliziert vom „localhost" auf einen beliebigen Webspace im Internet kopieren.

GET

Das Attribut method bestimmt, mit welcher Methode die Benutzereingaben vom Browser zum Server übertragen werden: mit GET oder POST. Das HTTP-Protokoll übermittelt bei der GET-Methode die Benutzereingaben im sogenannten Querystring. Ein Querystring wird beim Abschicken des HTML-Formulars automatisch an die Internetadresse im Webbrowser angefügt (Abbildung 3.4).

Abb. 3.4: Verarbeitung der Formulareingaben und Ausgabe der Berechnungsergebnisse

Die Anfrage http://localhost/auswerten.php?erwachsene=2&kinder=3 an den Server unterteilt sich in:

- Protokoll: http
- Server: localhost
- Dateiname: auswerten.php
- Querystring: erwachsene=2&kinder=3

Der Querystring ist durch ein Fragezeichen vom Dateinamen getrennt. Er liefert der Datei „auswerten.php" (siehe Seite 30) in den Parametern „erwachsene" und „kinder" die Benutzereingaben. Die Parameter werden durch das Zeichen & voneinander getrennt.

POST

Diese Zeichenkette, die die Anfrage beinhaltet, ist auf insgesamt 1 024 Byte begrenzt. Größere Datenmengen oder Anfragen, deren Daten nicht im Querystring erscheinen sollen (z. B. Passwörter), werden mit der Methode POST übertragen. Die POST-Anfrage überträgt die Parameter und Parameterwerte unter Verwendung des HTTP-Headers.

Formularelemente

Im input-Tag können Sie mit dem Attribut type bestimmen, ob als Formularelement

- ein Eingabefeld (Textfeld),
- ein Radiobutton,
- eine Checkbox oder z. B.
- ein Submit-Button

aufgebaut werden soll.

Das Formular in obigem Code von „eingabe.html" hat drei Formularelemente:

```
Anzahl Erwachsene:
<input type="text" name="erwachsene" size="2"><br>

Anzahl Kinder:
<input type="text" name="kinder" size="2"><br>
<input type="submit" value="Berechnen">
```

Das erste HTML-Tag definiert ein Eingabefeld (type="text") mit Längenangabe (size="2") und mit der Namensbezeichnung (name="erwachsene"). Textfelder werden genutzt, um Zeichenketten oder Zahlen einzulesen. Dem Querystring wird der Name des Textfeldes mit der Benutzereingabe hinzugefügt.

Der Formulartyp submit erstellt einen Submit-Button mit der Aufschrift, die im value-Attribut angegeben ist.

Von der Datei „auswerten.php" wird der Querystring entgegengenommen und ausgewertet.

$_GET-Array

auswerten.php

```
<html>
<head><title>Kinocenter</title></head>
<body>
<?php
//Initialisierungen
$preis_erwachsene=11.00;
$preis_kinder=8.00;

//Gesamtpreis berechnen
$gesamtpreis=$_GET['erwachsene']*$preis_erwachsene+
$_GET['kinder']*$preis_kinder;

//Ergebnisse im Browser ausgeben
echo"<b>Tickets</b><br><br>";
echo"Anzahl Erwachsene: {$_GET['erwachsene']}<br>";
echo"Anzahl Kinder: {$_GET['kinder']}<br>";
echo"Gesamtpreis: $gesamtpreis EUR";
?>
</body>
</html>
```

Mittels $_GET['erwachsene'] wird auf den unter dem Namen „erwachsene" im Querystring hinterlegten Wert 2 zugegriffen. $_GET ist eine Variable, die von PHP selbst erzeugt wird und überall im PHP-Skript zur Verfügung steht. $_GET enthält die Parameter aus dem Querystring. Um auf die einzelnen Parameter des Querystrings zugreifen zu können, wird der Parametername in eckigen Klammern und in Hochkommas angegeben: $_GET['erwachsene'] und $_GET['kinder'].

Das Array $_GET kann also mehrere Elemente umfassen, auf die über den Array-Key (die Angabe in eckigen Klammern) zugegriffen werden kann. Arrays werden ausführlich in Kapitel 4.9 besprochen. Um Hochkommas innerhalb der echo-Anweisung zu ermöglichen, wird $_GET['kinder'] in geschweifte Klammern gesetzt:

```
echo"Anzahl Kinder: {$_GET['kinder']}<br>";
```

Variablen in PHP sind *case sensitive*, d. h., es wird zwischen Groß- und Kleinschreibung unterschieden. Sie müssen demnach jeden Buchstaben der Variablen $_GET großschreiben.

3.4 Aufgaben

1 Es sollen die Mehrwertsteuer in Euro (zu 19 %) und der Bruttopreis eines Artikels berechnet und ausgegeben werden. Der Benutzer gibt in einem Formular den Nettopreis des Artikels ein. Lösen Sie die Aufgabe (Dateien: „eingabe.html" und „brutto.php")

a) mit der Methode GET.
b) mit der Methode POST.

2 In ein Formular („formular.html") gibt der Benutzer den Listeneinkaufspreis in Euro, den Lieferantenrabatt in %, den Lieferantenskonto in %, die Bezugskosten in Euro und den Handlungskostenzuschlag in % ein. Die Datei „kalkulation.php" ermittelt die Selbstkosten und gibt diese aus. Lösen Sie die Aufgabe mit der Methode GET.

3 Der Benutzer gibt in ein Formular („verbrauchsdaten.html") die elektrische Leistung eines Verbrauchers in Watt, die Betriebszeit in Stunden und den Arbeitspreis in Cent/kWh ein. Das PHP-Skript „kosten.php" liefert dem Benutzer die elektrische Arbeit in kWh und die Kosten in Euro.
Die Formel zur Berechnung der elektrischen Arbeit lautet:
Arbeit = Leistung · Zeit
Zur Übergabe der Formulareingaben an „kosten.php" wird die Methode GET genutzt.

3.5   Struktogramme

Struktogramme stellen Programmstrukturen in Diagrammform dar. Sie sind in der DIN 66261 genormt.

> **Struktogramme veranschaulichen den Programmablauf in Form von Blockelementen.**

Die Programmlogik steht dabei im Mittelpunkt. Wie die Programmlogik letztendlich in der Programmiersprache umgesetzt wird, ist zu diesem Zeitpunkt der Planung noch nicht relevant. Struktogramme stellen die Programmlogik unabhängig von der Programmiersprache dar.

Sequenzen

> **Eine Sequenz ist eine Folge von Anweisungen, die der Reihe nach ausgeführt werden.**

Jede Anweisung steht in einem rechteckigen Blockelement.

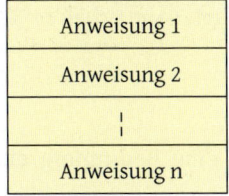

Im Projekt „Kinocenter" kam eine solche Sequenz von Anweisungen bereits zum Einsatz:

Initialisierungen: preis_erwachsene ← 11.00, preis_kinder ← 8.00
Eingabe: erwachsene, kinder
gesamtpreis ← erwachsene · preis_erwachsene + kinder · preis_kinder
Ausgabe: erwachsene, kinder, gesamtpreis

Im Quellcode wurden diese Anweisungen auf die HTML-Datei „eingabe.html" und die PHP-Datei „auswerten.php" aufgeteilt. Diese Dateien umfassen viele Programmzeilen. Damit wird der Vorteil eines Struktogramms deutlich: Es stellt die Programmlogik heraus. Die detaillierte Umsetzung in Quellcode inklusive Ausgabeformatierungen werden im Struktogramm ausgeblendet.

Zuweisungen

Zuweisungen im Struktogramm sind von rechts nach links zu lesen. Zum Beispiel wird im ersten Anweisungsblock der Gesamtpreis berechnet und der Variablen gesamtpreis zugewiesen. Der zugehörige Operator ist der Pfeil ←. Im PHP-Code selbst wird anstatt des Pfeils das Gleichheitszeichen gesetzt.

In den nächsten Abschnitten lernen Sie weitere Blockelemente wie Verzweigungen und Schleifen kennen.

3.6   Verzweigungen

Auftrag

Die Bestellseite des Kinocenters soll erweitert werden. Der Benutzer kann jetzt zusätzlich eingeben, ob er über eine Kinokarte „Familie" verfügt.

Die Eintrittspreise bleiben unverändert (Erwachsene 11,00 €, Kinder 8,00 €). Der Benutzer gibt die Anzahl der Karten für Erwachsene bzw. Kinder an. Mit der Kinokarte „Familie" erhält er 10 % Rabatt.

Für die Umsetzung wird eine sogenannte Verzweigung eingesetzt: Wenn der Kinobesucher über eine Kinokarte „Familie" verfügt, dann erhält er Rabatt, sonst nicht.

Struktogramm

> **Eine Verzweigung wird durch eine Bedingung eingeleitet, der zwei alternative Zweige folgen.**

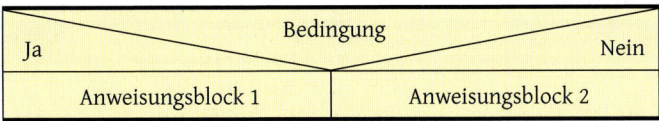

	Bedingung	
Ja		Nein
Anweisungsblock 1		Anweisungsblock 2

Wenn die Bedingung wahr *(true)* ist, dann wird der linke Zweig (Anweisungsblock 1) durchlaufen, anderenfalls der rechte Zweig (Anweisungsblock 2). Ein Anweisungsblock wiederum beinhaltet ein oder mehrere beliebige Blockelemente, z. B. eine Sequenz.

Das folgende Struktogramm gibt den Programmablauf zur oben beschriebenen Bestellseite des Kinocenters wieder:

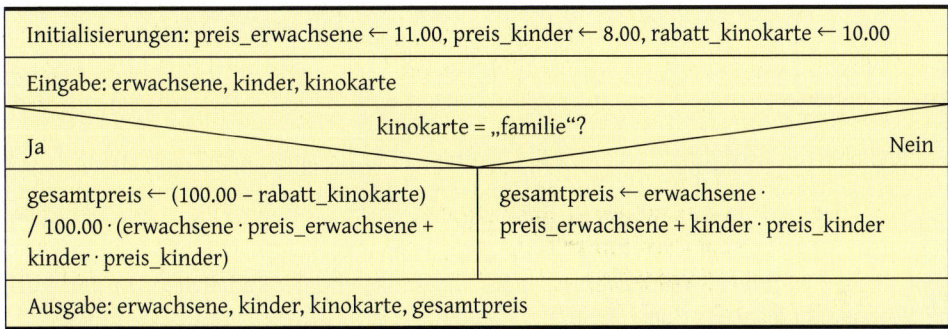

Initialisierungen: preis_erwachsene ← 11.00, preis_kinder ← 8.00, rabatt_kinokarte ← 10.00
Eingabe: erwachsene, kinder, kinokarte
kinokarte = „familie"?

Ja	Nein
gesamtpreis ← (100.00 – rabatt_kinokarte) / 100.00 · (erwachsene · preis_erwachsene + kinder · preis_kinder)	gesamtpreis ← erwachsene · preis_erwachsene + kinder · preis_kinder

Ausgabe: erwachsene, kinder, kinokarte, gesamtpreis

Zu Beginn steht die Benutzereingabe. In der Datei „eingabe_kinokarte.html" wird hierzu ein Formular mit Eingabefeldern für die Anzahl der Erwachsenen bzw. Kinder und mit zwei Radiobuttons für die Kinokarte „Familie" aufgebaut (Abbildung 3.5). Im Skript „auswerten_kinokarte.php" (siehe Seite 34) wird die Verzweigung mit den entsprechenden Berechnungen des Gesamtpreises und die Ausgabeanweisung umgesetzt.

Eingabeformular

eingabe_kinokarte.html

```
<html>
<head><title>Kinocenter</title></head>
<body>
<b>Tickets</b><br><br>
<form action="./auswerten_kinokarte.php" method="get">
Anzahl Erwachsene:
<input type="text" name="erwachsene" size="2"><br>
Anzahl Kinder:
<input type="text" name="kinder" size="2"><br>
Kinokarte Familie:
<input type="radio" name="kinokarte" value="Familie">ja
<input type="radio" name="kinokarte" value="keine" checked>nein<br>
<input type="submit" value="Berechnen">
</form>
</body>
</html>
```

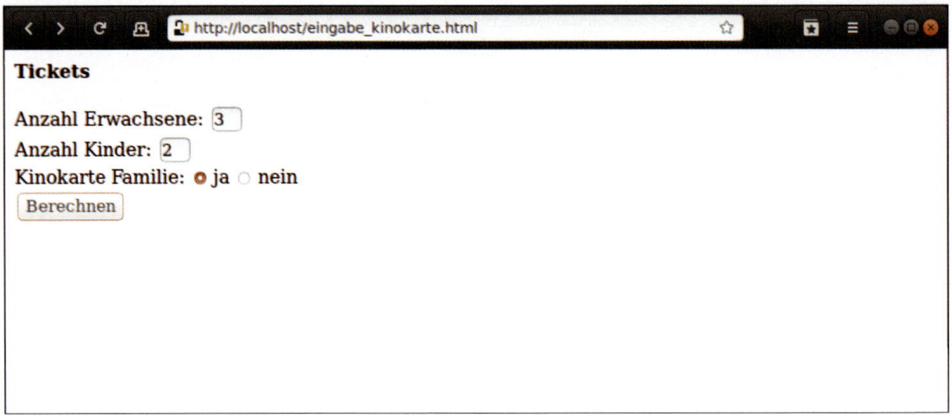

Abb. 3.5: HTML-Formular mit Radiobuttons

Ein Radiobutton wird durch type="radio" definiert. Der Parameter im Querystring erhält mit name="kinokarte" die Bezeichnung „kinokarte". Je nach Wahl des Benutzers wird ihm entweder der Wert „Familie" oder „keine" zugewiesen (value="Familie" oder value="keine"). Wichtig ist, dass Sie den einzelnen Buttons den gleichen Namen (name), aber einen unterschiedlichen Wert (value) zuordnen. Ist checked gesetzt, wird der Radiobutton im Formular als Vorauswahl markiert (hier: „nein").

if-Anweisung

Das Skript „auswerten_kinokarte.php" (siehe unten) berechnet in Abhängigkeit des Inhalts der Variablen $_GET['kinokarte'] entweder den Rabatt oder nicht. Im Quellcode wird die Bedingung $_GET['kinokarte']=="Familie" mit einem doppelten Gleichheitszeichen dargestellt. Die Codierung einer Bedingung unterscheidet sich von der im Struktogramm: Dort wird die Bedingung mit einem Gleichheitszeichen formuliert, im PHP-Code mit zwei Gleichheitszeichen.

> **Die Darstellung im Struktogramm berücksichtigt nicht die Syntax einer Programmiersprache.**

auswerten_kinokarte.php

```
<html>
<head><title>Kinocenter</title></head>
<body>
<?php
//Initialisierungen
$preis_erwachsene=11.00;
$preis_kinder=8.00;
$rabatt_kinokarte=10.0; //in Prozent

//Gesamtpreis berechnen
if($_GET['kinokarte']=="Familie")
```

```php
{
  $gesamtpreis=(100.00-$rabatt_kinokarte)/100.00*
  ($_GET['erwachsene']*
              $preis_erwachsene+$_GET['kinder']*$preis_kinder);
}
else
{
  $gesamtpreis=$_GET['erwachsene']*$preis_erwachsene+
              $_GET['kinder']*$preis_kinder;
}

//Ergebnisse im Browser ausgeben
echo"<b>Tickets</b><br><br>";
echo"Anzahl Erwachsene: {$_GET['erwachsene']}<br>";
echo"Anzahl Kinder: {$_GET['kinder']}<br>";
echo"Kinokarte: {$_GET['kinokarte']}<br>";
echo"Gesamtpreis: „;
echo number_format($gesamtpreis,2,',',' ');
echo" EUR";
?>
</body>
</html>
```

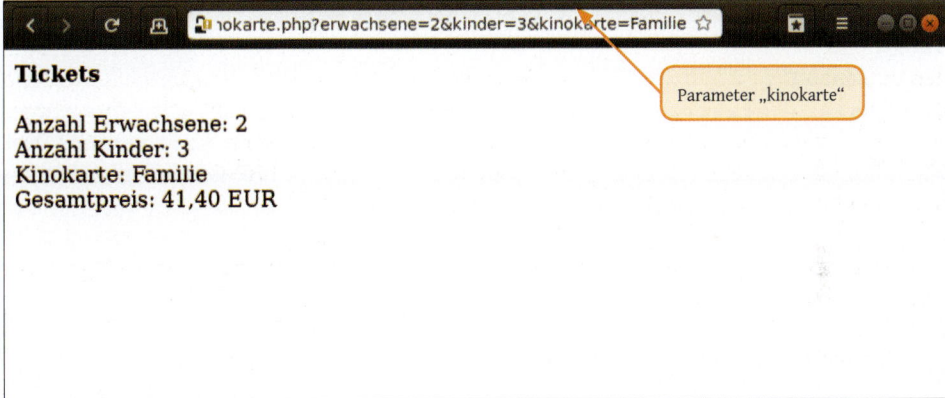

Abb. 3.6: Auswerten der Radiobuttons

Die if-Anweisung ermöglicht es, den Ablauf im PHP-Skript zu beeinflussen. Wenn die in Klammern hinter dem Schlüsselwort if angegebene Bedingung erfüllt ist, wird der in geschweiften Klammern umfasste Block ausgeführt. Ist die Bedingung nicht erfüllt, wird der Block nach dem Schlüsselwort else ausgeführt:

```php
if(Bedingung)
{
  …Anweisungen…
}
```

```
else
{
  …Anweisungen…
}
```

Bedingungen

> **Eine Bedingung ist ein Ausdruck, dessen Wert entweder wahr *(true)* oder falsch *(false)* ist.**

Im Skript „auswerten_kinokarte.php" lautet die Bedingung:

```
$_GET['kinokarte']=="Familie"
```

Beinhaltet die Variable $_GET['kinokarte'] den Wert „Familie", dann ist die Bedingung erfüllt (wahr). In der Bedingung wird der Inhalt der Variablen mit einer Zeichenkette auf Gleichheit verglichen. Eine Zeichenkette ist im Gegensatz zu Zahlen in Anführungszeichen zu setzen. Als Vergleichsoperator ist hier das doppelte Gleichheitszeichen zu verwenden. Die folgende Tabelle zeigt häufig verwendete Vergleichsoperatoren:

Beispiel	Bezeichnung	Wert des Ausdrucks
$x==10	gleich	wahr, wenn $x gleich 10
$x!=10	ungleich	wahr, wenn $x ungleich 10
$x<10	kleiner als	wahr, wenn $x kleiner 10
$x>10	größer als	wahr, wenn $x größer 10
$x<=10	kleiner oder gleich	wahr, wenn $x kleiner oder gleich 10 ist
$x>=10	größer oder gleich	wahr, wenn $x größer oder gleich 10 ist

Besteht ein Block wie in obigem Code aus nur einer Anweisung, dann können die geschweiften Klammern auch weggelassen werden:

```
if($_GET['kinokarte']=="Familie")
  $gesamtpreis=(100.00-$rabatt_kinokarte)/100.00*
              ($_GET['erwachsene']*
              $preis_erwachsene+$_GET['kinder']*$preis_kinder);
else
  $gesamtpreis=$_GET['erwachsene']*$preis_erwachsene+
              $_GET['kinder']*$preis_kinder;
```

Zur besseren Lesbarkeit sollten Sie die Anweisungen um zwei Stellen oder einen Tabulator einrücken. Der else-Teil einer if-Anweisung ist optional.

Die Browserausgabe am Ende des PHP-Skriptes auswerten_kinokarte.php wird in jedem Fall ausgeführt. In Abhängigkeit der vorangegangenen Programmverzweigung beinhaltet die Variable $gesamtpreis entweder den Rabatt oder nicht.

3.7   Aufgaben

1 In einer Versandfirma wird für Bestellungen unter 50,00 € eine Versandkostenpauschale von 4,00 € berechnet. Der Benutzer gibt den Wert der Bestellung ein („bestelleingabe. html"). Das PHP-Skript „versandkosten.php" addiert ggf. die Versandkostenpauschale hinzu und gibt den Gesamtbetrag aus.
a) Entwerfen Sie das Struktogramm.
b) Erstellen Sie die beiden Dateien „bestelleingabe.html" und „versandkosten.php".

2 a) Führen Sie den Schreibtischtest zum unten stehenden Struktogramm für folgende Testfälle aus:

wochenarbeitszeit	bruttolohn
30	
50	
70	

Eingabe: wochenarbeitszeit

wochenarbeitszeit >= 60?
Ja — Nein

wochenarbeitszeit ← 60	

wochenarbeitszeit <= 40?
Ja — Nein

bruttolohn ← wochenarbeitszeit · 18,00 €	bruttolohn ← (wochenarbeitszeit – 40) · 22,00 € + 40 · 18,00 €

Ausgabe: bruttolohn

b) Wie ist in dem Betrieb die Vergütung in Abhängigkeit der Wochenarbeitszeit geregelt?
c) Erstellen Sie zum obigen Struktogramm die Dateien „eingabe.html" und „arbeitslohn.php".

3 Ein Unternehmen zahlt seinen Mitarbeitern in Abhängigkeit des erzielten Umsatzes Provisionen. Ab einem Umsatz von 80 000,00 € wird eine Provision in Höhe von 1,5 % gezahlt. Erreicht der Umsatz 100 000,00 € oder mehr, wird eine Provision von 2 % vergütet.
a) Entwerfen Sie ein Struktogramm.
b) Erstellen Sie eine PHP-Anwendung, die nach Eingabe des monatlichen Umsatzes die Provision berechnet (Dateien: „umsatz.html" und „provision.php").

4 Sie erhalten den Auftrag, eine HTML-Datei „eingaben.html" und ein PHP-Skript „rechnungserstellung.php" zu entwickeln. Für die Rechnungserstellung werden der Nettopreis, die Stückzahl und mittels Radiobuttons der Mehrwertsteuersatz (7 % oder 19 %) in ein Formular eingegeben. Das PHP-Skript „rechnungserstellung.php" berechnet den Gesamtbetrag (netto), den Mehrwertsteuerbetrag und den Endbetrag (brutto). Eine Rechnung wird ausgegeben.

5 Der Benutzer gibt die Koeffizienten p und q einer quadratischen Gleichung in ein Formular ein („quadratische_gleichung.html"):

$x^2 + px + q = 0$

Aufbau des Eingabeformulars:

Zur Lösung wird die pq-Formel eingesetzt („pq-formel.php"):

$$x_{1/2} = -\frac{p}{2} \pm \sqrt{\left(\frac{p}{2}\right)^2 - q}$$

Das PHP-Skript erkennt zunächst anhand der Diskriminanten D, ob keine, eine oder zwei Lösungen für x existieren:

$$D = \left(\frac{p}{2}\right)^2 - q$$

- D < 0: keine Lösung
- D = 0: eine Lösung
- D > 0: zwei Lösungen

Die Lösungen werden berechnet und ausgegeben. Greifen Sie für die Berechnung auf die PHP-Funktionen sqrt() und pow() zurück (siehe http://de.php.net/).

3.8   Logische Operatoren

Auftrag

Im Kinocenter kann man bei vielen Filmen zwischen 2D und 3D wählen. Gruppen mit mindestens fünf Personen erhalten auf 2D-Filme 10 % Rabatt.

Der Benutzer gibt die Anzahl der Karten ein und er gibt an, ob er den Film in 2D oder in 3D sehen will.

Zunächst wird die Anforderungsdefinition in ein Struktogramm überführt und anschließend werden die HTML- und die PHP-Datei codiert.

Struktogramm

Eingabe: karten, dimensionen	
dimensionen = „2D" UND karten >= 5?	
Ja Nein	
Ausgabe: „Sie erhalten 10 % Rabatt!"	Ausgabe: „Sie erhalten keinen Rabatt."

Eingabeformular

eingabe_dimensionen.html

```html
<html>
<head><title>Kinocenter</title></head>
<body>
<b>Tickets</b><br><br>
<form action="./auswerten_dimensionen.php" method="get">
Anzahl Karten:
<input type="text" name="karten" size="2"><br>
Filmversion:
<input type="radio" name="dimensionen" value="2D" checked>2D
<input type="radio" name="dimensionen" value="3D">3D<br>
<input type="submit" value="Abschicken">
</form>
</body>
</html>
```

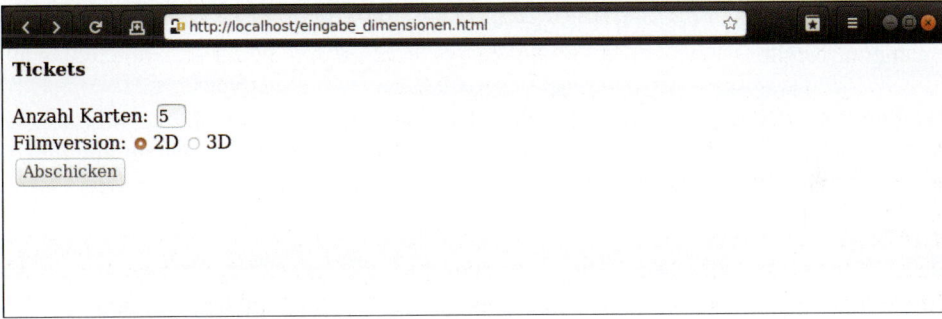

Abb. 3.7: Formulareingabe der Anzahl der Karten und der Filmversion

PHP-Skript

auswerten_dimensionen.php

```php
<html>
<head><title>Kinocenter</title></head>
<body>
<?php
if($_GET['dimensionen']=="2D" && $_GET['karten']>=5)
  echo"Sie erhalten 10% Rabatt!";
```

```
else
   echo"Sie erhalten keinen Rabatt.";
?>
</body>
</html>
```

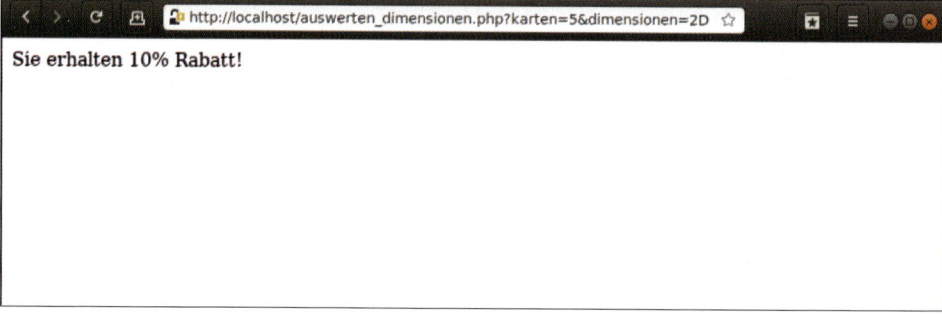

Abb. 3.8: Ergebnis der logischen Verknüpfung

UND-Verknüpfung

Die if-Anweisung

```
if($_GET['dimensionen']=="2D" && $_GET['karten']>=5)
```

überprüft zuerst die beiden Bedingungen links und rechts des UND-Operators (&&). Die Resultate der beiden Vergleiche werden im nächsten Schritt mittels UND miteinander verknüpft: Sind der erste Vergleich UND der zweite Vergleich wahr *(true)*, dann ist die gesamte Bedingung erfüllt.

Das Resultat eines Vergleichs ist boolesch, es kann also nur die Werte *true* oder *false* annehmen. Eine Wahrheitstabelle veranschaulicht logische Verknüpfungen, indem alle möglichen Kombinationen ausgewertet werden:

Bedingung 1	Bedingung 2	UND-Verknüpfung
false	*false*	*false*
false	*true*	*false*
true	*false*	*false*
true	*true*	*true*

Da im Beispiel der Vergleich $_GET['dimensionen']=="2D" UND der Vergleich $_GET['karten']>=5 den booleschen Wert *true* ergeben, ist das Resultat der UND-Verknüpfung ebenfalls *true*.

ODER-Verknüpfung

Eine weitere häufig verwendete logische Verknüpfung ist die ODER-Verknüpfung:

Bedingung 1	Bedingung 2	ODER-Verknüpfung
false	*false*	*false*
false	*true*	*true*
true	*false*	*true*
true	*true*	*true*

Der ODER-Operator wird durch zwei Senkrechtstriche (||) symbolisiert, wie in diesem Beispiel zu sehen ist:

```
if($tag=="Montag"||$tag=="Dienstag")
  echo"Sie erhalten ein Freigetränk.";
```

Das heißt, wenn der Wochentag Montag oder Dienstag ist, dann erhält man ein Freigetränk.

NICHT-Operator

Auch der NICHT-Operator wird regelmäßig eingesetzt. Das Symbol ist ein Ausrufezeichen (!). Der NICHT-Operator kehrt den Wahrheitswert um, aus *true* wird *false* und umgekehrt:

```
if($tag!="Samstag")
  echo"Keine Spätvorstellung.";
```

Wenn der Wochentag NICHT Samstag ist, dann gibt es keine Spätvorstellung.

3.9   Aufgaben

1 Eine private Buslinie berechnet für Fahrscheine 28 Cent pro Kilometer. Der Fahrgast gibt auf der Internetseite des Busunternehmens die Fahrstrecke in Kilometern an und wählt zwischen drei Tarifklassen: Normaltarif, Schüler und Kind (Datei: „fahrschein. html"). Das PHP-Skript „fahrpreis.php" berechnet den Preis des Fahrscheins. Für Schüler und Kinder gibt es 30 % Ermäßigung. Lösen Sie die Aufgabe mit logischen Operatoren.
a) Entwerfen Sie ein Struktogramm.
b) Erstellen Sie die Dateien „fahrschein.html" und „fahrpreis.php".

2 Ein Online-Händler unterteilt seine Kunden in vier verschiedene Gruppen: Businesskunden, Reseller und Großhändler erhalten 5 % Rabatt. Kunden der Gruppe „Sonstige Kunden" erhalten keinen Rabatt. Der Benutzer gibt den Bestellwert in ein Formular ein und bestimmt seine Gruppe (mittels Radiobutton; Datei: „bestelleingabe.html"). Das PHP-Skript „rabatt.php" berechnet den Rabatt in Euro und gibt den Endbetrag aus. Verwenden Sie zur Lösung der Aufgabe logische Operatoren.

3 Ein Stromanbieter ermittelt die Stromkosten nach einer Bestabrechnung, d.h., in Abhängigkeit des Jahresverbrauchs wählt der Stromanbieter automatisch Tarif I, Tarif II oder Tarif III.

Tarif I	Arbeitspreis	31,50 Ct/kWh
	Grundpreis	2,97 €/Monat
Tarif II	Arbeitspreis	28,90 Ct/kWh
	Grundpreis	5,94 €/Monat
Tarif III	Arbeitspreis	26,50 Ct/kWh
	Grundpreis	11,84 €/Monat
Alle Preise sind Bruttopreise, d.h., sie enthalten die Umsatzsteuer (zzt. 19 %).		

Der Kunde gibt in ein Formular seinen Jahresstromverbrauch in kWh ein (Datei: „stromverbrauch.html"). Das PHP-Skript „stromtarif.php" gibt den preisgünstigsten Tarif und die Jahreskosten aus. Die berechneten Jahreskosten werden in den Nettopreis und die Mehrwertsteuer (in Euro) aufgesplittet.

3.10 Mehrfachverzweigungen

Auftrag

Es soll eine Webseite für das Kinocenter programmiert werden, die die gewährten Rabatte ausgibt. Es gibt folgende Ermäßigungen:

- Familien: 10 %
- Schüler: 5 %
- Regiokarte: 5 %

Struktogramm

Im allgemeingültigen Struktogramm zur Mehrfachverzweigung wird entsprechend des in der Variablen gespeicherten Wertes in einen der Anweisungsblöcke verzweigt:

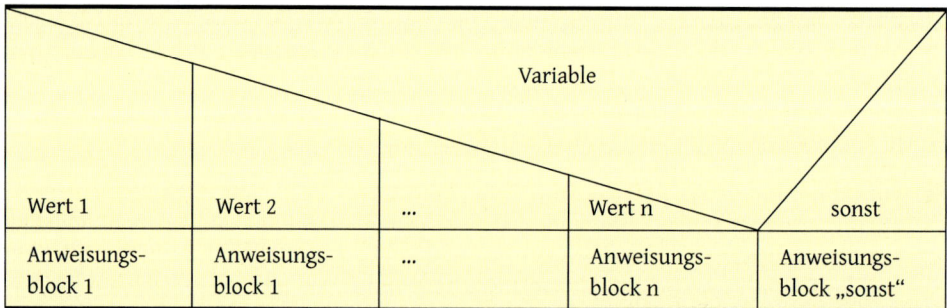

Der Ausschnitt des Struktogramms für die Rabattseite verzweigt in Abhängigkeit der im Formular ausgewählten Ermäßigung:

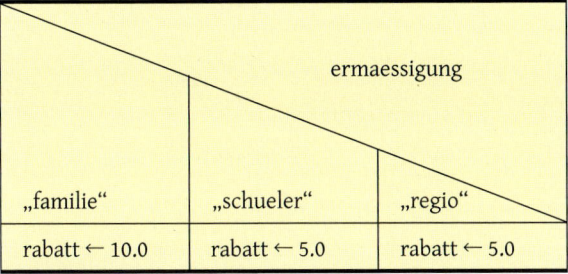

Eingabeformular

eingabe_ermaessigung.html

```
<html>
<head><title>Kinocenter</title></head>
<body>
<b>Tickets</b><br><br>
Erm&auml;&szlig;igung:<br>
<form action="./auswerten_ermaessigung.php" method="get">
<input type="radio" name="ermaessigung" value="keine"
checked>keine<br>
<input type="radio" name="ermaessigung" value="Familie">
Kinokarte "Familie"<br>
<input type="radio" name="ermaessigung" value="Schueler">
Sch&uuml;ler<br>
<input type="radio" name="ermaessigung" value="Regiokarte">
Regiokarte<br>
<input type="submit" value="Anzeigen">
</form>
</body>
</html>
```

Abb. 3.9: Formular zur Eingabe der Ermäßigung für die Kinokarte

switch-Anweisung

auswerten_ermaessigung.php

```php
<html>
<head><title>Kinocenter</title></head>
<body>
<?php
  //Inititalisierungen
  $normalpreis=11.00;
  $rabatt=0.0;

  //Rabatt bestimmen
  switch($_GET['ermaessigung'])
  {
    case "Familie":      $rabatt=10.0;
                         break;
    case "Schueler":     $rabatt=5.0;
                         break;
    case "Regiokarte":   $rabatt=5.0;
                         break;
  }

  //Preis berechnen
  $preis=$normalpreis-$rabatt/100.0*$normalpreis;

  //Browserausgabe
  echo"<b>Tickets</b><br><br>";
  echo"Ermäßigung: {$_GET['ermaessigung']}<br>";
  echo"Normalpreis: ";
  echo number_format($normalpreis,2,',',' ');
  echo" EUR<br>";
  echo"Rabatt: $rabatt %<br>";
  echo"Endpreis: ";
  echo number_format($preis,2,',',' ');
  echo" EUR";
?>
</body>
</html>
```

Abb. 3.10: Berechnungsergebnis für die gewählte Ermäßigung

Das Skript verwendet eine sogenannte switch-Anweisung. In Abhängigkeit des in der Variablen $_GET['ermaessigung'] hinterlegten Wertes verzweigt die Anweisung in einen der durch case unterschiedenen Fälle. Hinter case ist der mit dem Variableninhalt zu vergleichende Wert anzugeben. Wurde z. B. die Ermäßigung „Schüler" angeklickt, dann wird die Anweisung hinter case "Schueler": ausgeführt. Der Befehl break; verlässt die switch-Anweisung.

Je nach durchlaufenem Zweig wurde der Variablen $rabatt der entsprechende Prozentwert zugewiesen.

3.11   Aufgaben

1 Ein Online-Händler unterteilt seine Kunden in verschiedene Gruppen: Businesskunden, Reseller, Großhändler und Sonstige Kunden. Unterschiedliche Rabatte werden gewährt:

- Businesskunden: 5 %
- Reseller: 10 %
- Großhändler: 15 %
- Sonstige Kunden: 0 %

Der Benutzer gibt den Bestellwert in ein Formular ein (Datei: „bestelleingabe.html") und bestimmt seine Gruppe (mittels Radiobuttons). Das PHP-Skript „rabatt.php" berechnet den Rabatt in Euro und gibt den Endbetrag aus. Verwenden Sie zur Lösung der Aufgabe die switch-Anweisung.

a) Entwerfen Sie ein Struktogramm.
b) Erstellen Sie die Dateien „bestelleingabe.html" und „rabatt.php".

2 Die Personalabteilung hat für die Prämienzahlung von Dienstjubiläen folgende Regelung getroffen:

- Betriebszugehörigkeit 10 Jahre: 400,00 €
- Betriebszugehörigkeit 20 Jahre: 1 Urlaubstag + 200,00 €
- Betriebszugehörigkeit 30 Jahre: 2 Urlaubstage

Gibt ein Mitarbeiter seine Betriebszugehörigkeit in das Online-Formular ein (Datei: „betriebszugehoerigkeit.html"), erhält er als Antwort einen Text mit Hinweis auf die anstehende Prämie. Das von Ihnen zu entwickelnde PHP-Skript „dienstjubilaeum.php" soll mit der switch-Anweisung arbeiten.

3.12 Selbstverweis

Auftrag

Die Seite zur Berechnung des Kinopreises für Familien soll angepasst werden. Nachdem der Benutzer das Formular abgeschickt hat, soll dasselbe Formular oberhalb der Berechnungsergebnisse erneut angeboten werden.

Abb. 3.11: Formular und Formularauswertung der vorherigen Benutzereingaben

Zur Lösung wird der Selbstverweis eingesetzt. Das PHP-Skript „preisberechnung.php" ruft sich selbst nach dem Absenden des Formulars auf. Im Gegensatz zur bisherigen Lösung benötigen Sie nur noch eine Datei. Das Skript ist in zwei Bereiche unterteilt. Im oberen Bereich wird das Formular ausgegeben. Falls das Skript sich selbst aufgerufen hat, wird im unteren Bereich der Querystring ausgewertet und die Ergebnisse werden ausgegeben.

preisberechnung.php

```
<html>
<head><title>Kinocenter</title></head>
<body>
<b>Tickets</b><br><br>
<form action="<?php echo $_SERVER['PHP_SELF']?>" method="get">
Anzahl Erwachsene:
<input type="text" name="erwachsene" size="2"><br>
Anzahl Kinder:
<input type="text" name="kinder" size="2"><br>
<input type="submit" name="gesendet" value="Berechnen">
</form><br>

<?php
//ggf. Formular auswerten
if(isset($_GET['gesendet']))
{
  //Initialisierungen
  $preis_erwachsene=11.00;
  $preis_kinder=8.00;

  //Gesamtpreis berechnen
  $gesamtpreis=$_GET['erwachsene']*$preis_erwachsene+
               $_GET['kinder']*$preis_kinder;

  //Ergebnisse im Browser ausgeben
  echo"<b>Tickets</b><br><br>";
  echo"Anzahl Erwachsene: {$_GET['erwachsene']}<br>";
  echo"Anzahl Kinder: {$_GET['kinder']}<br>";
  echo"Gesamtpreis: ";
  echo number_format($gesamtpreis,2,',',' ');
  echo" EUR";
}
?>
</body>
</html>
```

Das Attribut action im form-Tag gibt die PHP-Datei an, die mit der Auswertung der Formulareingaben beauftragt wird. Nun soll die Datei „preisberechnung.php" sich selbst erneut aufrufen.

In der von PHP bereitgestellten Variablen $_SERVER ist unter dem Array-Key PHP_SELF der Name des eigenen Skripts abgespeichert: „preisberechnung.php". Der Inhalt der Variablen $_SERVER['PHP_SELF'] wird vom eingebetteten PHP-Code in das HTML-Tag eingefügt:

```
<form action="<?php echo $_SERVER['PHP_SELF']?>" method="get">
```

Mit <?php wird vom HTML-Modus in den PHP-Modus gewechselt. Entsprechend schaltet ?> wieder zurück in den HTML-Modus.

Eine andere Möglichkeit wäre, die Zieldatei direkt anzugeben:

```
<form action="./preisberechnung.php" method="get">
```

Auch diese Variante wäre erfolgreich. Sie hat aber einen Nachteil: Falls Sie die Datei umbenennen, müssen Sie in einem Editor den neuen Dateinamen im form-Tag manuell eingeben.

Dem Submit-Button wurde im Formular der Name „gesendet" gegeben:

```
<input type="submit" name="gesendet" value="Berechnen">
```

Nachdem auf den Submit-Button geklickt wurde, erscheint im Querystring „gesendet= Berechnen", siehe Adressleiste des Browserfensters (Abbildung 3.11).

Die Funktion isset() überprüft die Existenz einer Variablen:

```
//ggf. Formular auswerten
if(isset($_GET['gesendet']))
```

Einer Funktion können Parameter übergeben werden (hier die Variable $_GET['gesendet']). Auf Basis der übergebenen Parameter führt sie Anweisungen aus. Die Funktion isset() prüft nun, ob die ihr als Parameter übergebene Variable $_GET['gesendet'] existiert. Diese existiert dann, wenn der Parameter „gesendet" im Querystring aufgelistet ist.

Die Funktion isset() liefert dem Aufrufer ein Ergebnis zurück, hier einen booleschen Wert. Ein boolescher Wert kann nur zwei Zustände annehmen: *true* oder *false*. Die Bedingung in der if-Verzweigung sähe ausführlich folgendermaßen aus:

```
if(isset($_GET['gesendet'])==true)
```

Es wird in der Bedingung also überprüft, ob der Rückgabewert der Funktion isset() den Wert *true* besitzt. Um ein Skript lesbarer zu gestalten, wird die Bedingung üblicherweise in der abgekürzten Darstellung angegeben.

3.13 Aufgaben

1 In einem Formular gibt der Benutzer den aktuellen Dollarkurs ein, wählt zwischen der Umrechnungsrichtung Euro → Dollar oder Dollar → Euro und gibt den umzurechnenden Betrag ein. Die Datei „waehrungsrechner.php" berechnet den zugehörigen Betrag und gibt diesen aus. Legen Sie das Skript „waehrungsrechner.php" als Selbstverweis an.

2 Ein Online-Händler berechnet für den Versand eine Versicherungspauschale in Höhe von 2,5 % des Bestellwertes. Der Benutzer gibt in ein Formular den Bestellwert ein.

Nach dem Absenden wird die Versicherungspauschale ausgegeben und das Formular oberhalb der Ausgabe erneut aufgebaut. Erstellen Sie das als Selbstverweis anzulegende PHP-Skript „versicherungspauschale.php".

3 Erstellen Sie ein PHP-Skript „taschenrechner.php". Der Benutzer gibt in einem Formular zwei Operanden ein und wählt die Rechenart (Addition, Subtraktion, Multiplikation, Division). Nach Ausgabe des Berechnungsergebnisses hat er die Möglichkeit, erneut eine Berechnung durchzuführen.

3.14 Schleifen

Auftrag

Auf Kinofilme, die länger als 120 Minuten dauern, gibt es Überlängenzuschläge. Pro 15 Minuten zusätzliche Länge beträgt der Preisaufschlag 0,50 €. Eine Webseite soll die Überlängenzuschläge bis zu einer Filmlänge von 180 Minuten auflisten.

while-Schleife

Da immer wieder die gleiche Rechnung durchzuführen ist – die Addition von 0,50 € für jeweils 15 Minuten zusätzliche Filmlänge – bietet sich der Einsatz einer Schleife an. Bei der Darstellung einer Schleife im Struktogramm wird der Anweisungsblock von der Schleifenbedingung eingerahmt:

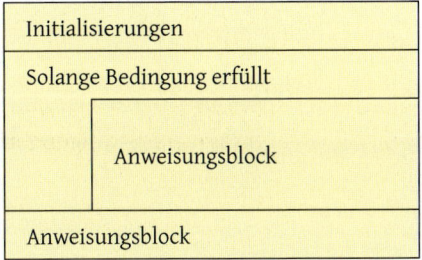

Vor Beginn der Schleife werden Initialisierungen vorgenommen. Dann folgt die Schleifenbedingung. Diese steht hier im Kopf des Struktogramms, da die Schleifenbedingung vor Eintritt in den Schleifenkörper überprüft wird. Nach Ausführung des Anweisungsblocks wird wieder zurück zum Schleifenkopf gesprungen und die Schleifenbedingung erneut überprüft – aber diesmal mit geänderten Variablenwerten. Die Schleife wird so lange wiederholt, bis die Bedingung erfüllt ist. Ansonsten wird die Schleife beendet und die der Schleife folgenden Anweisungen werden ausgeführt.

Der folgende Diagrammausschnitt zeigt die wiederholte Berechnung und die Ausgabe der Überlängenzuschläge:

Initialisierungen: filmlaenge ← 120, zuschlag ← 0.50
Solange filmlaenge <= 180
Ausgabe: filmlaenge, zuschlag
filmlaenge ← filmlaenge + 15
zuschlag ← zuschlag + 0.50
...

Die Sequenz im Schleifenkörper wird nur ausgeführt, wenn die im Schleifenkopf formulierte Bedingung „filmlaenge <= 180" erfüllt ist.

Diese sogenannte while-Schleife wird im PHP-Skript „ueberlaengenzuschlaege.php" eingesetzt.

ueberlaeengenzuschlaege.php

```
<html>
<head>
 <title>Kinocenter</title>
</head>
<body>
<?php
  //Initialisierungen
  $filmlaenge=120;
  $zuschlag=0.50;

  echo"<b>Überlängenzuschläge</b><br>";

  while($filmlaenge<=180)
  {
    echo"Filme ab $filmlaenge min: ";
    echo number_format($zuschlag,2,',',' ');
    echo" EUR<br>";
    $filmlaenge=$filmlaenge+15;
    $zuschlag=$zuschlag+0.50;
  }
?>
</body>
</html>
```

Abbildung 3.12 zeigt die Ausgabe der Schleife im Webbrowser:

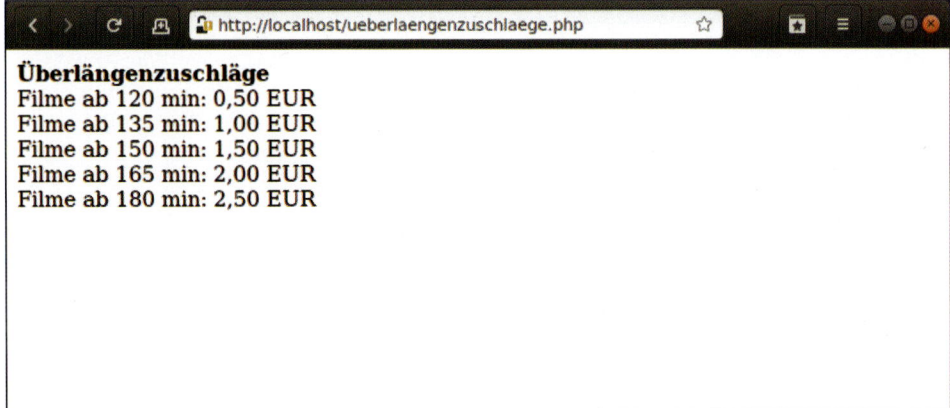

Abb. 3.12: Berechnung der Überlängenzuschläge in einer while-Schleife

Bevor der PHP-Interpreter die while-Schleife bearbeitet, werden die Variablen $filmlaenge und $zuschlag initialisiert. Die Berechnung des Zuschlags beginnt damit erst ab einer Filmlänge von 120 Minuten. Ist die hinter dem Schlüsselwort while platzierte Schleifenbedingung erfüllt, werden die Anweisungen im Schleifenkörper ausgeführt. Der Schleifenkörper wird durch die geschweiften Klammern begrenzt. Besteht der Schleifenkörper aus nur einer Anweisung, können die geschweiften Klammern auch weggelassen werden.

```
while(Schleifenbedingung)
{
   ...Schleifenkörper...
}
```

Im Schleifenkörper wird zunächst die aktuelle Filmlänge mit zugehörigem Zuschlag ausgegeben. Beim anschließenden Befehl

```
$filmlaenge=$filmlaenge+15;
```

werden zum aktuellen Wert der Variablen $filmlaenge 15 Minuten addiert und die Summe wird wiederum der Variablen $filmlaenge zugewiesen. Entsprechend wird mit

```
$zuschlag=$zuschlag+0.50;
```

der Zuschlag um 0,50 € erhöht.

Der Interpreter überprüft die Schleifenbedingung mit der neuen Filmlänge. Nach mehreren Durchläufen erreicht die Filmlänge den Wert 180 und die Schleifenbedingung ist nicht mehr erfüllt: Die Schleife wird beendet.

> **Da die Schleifenbedingung oberhalb des Schleifenkörpers überprüft wird, wird die while-Anweisung als kopfgesteuerte Schleife bezeichnet.**

for-Schleife

In der hier vorliegenden Aufgabenstellung steht von Anfang an fest, wie oft die Anweisungen im Schleifenkörper wiederholt werden sollen. In so einem Fall kann vorteilhaft die als Zählschleife bezeichnete for-Schleife eingesetzt werden. Die folgende Lösung mit der for-Schleife erfüllt dieselbe Aufgabe wie der obige Programmabschnitt:

```
for($filmlaenge=120;$filmlaenge<=180;$filmlaenge=$filmlaenge+15)
{
   echo"Filme ab $filmlaenge min: ";
   echo number_format($zuschlag,2,',',' ');
   echo" EUR<br>";
   $zuschlag=$zuschlag+0.50;
}
```

Die for-Schleife ist deutlich kompakter als die while-Schleife. Die Initialisierung ($filmlaenge=120) und die Erhöhung der Filmlänge (Nachlauf: $filmlaenge=$filmlaenge+15) werden direkt im Schleifenkopf genannt:

```
for(Initialisierung;Schleifenbedingung;Nachlauf)
{
   ...Schleifenkörper...
}
```

Die Initialisierung wird nur vor dem ersten Schleifendurchlauf ausgeführt. Hingegen wird die Schleifenbedingung jedes Mal zu Beginn des Schleifenkörpers überprüft. Auch wenn der Nachlauf oberhalb des Schleifenkörpers angegeben ist, so wird er am Ende eines jeden Schleifendurchlaufs ausgeführt.

do-while-Schleife

> **Die do-while-Schleife ist eine fußgesteuerte Schleife. Die Schleifenbedingung wird nach Durchlauf des Schleifenkörpers überprüft.**

Im Unterschied zur while- und for-Schleife wird der Schleifenkörper mindestens einmal durchlaufen. Löst man dieselbe Aufgabe mit der do-while-Schleife, sieht das wie folgt aus:

```
do
{
   echo"Filme ab $filmlaenge min: ";
   echo number_format($zuschlag,2,',',' ');
   echo" EUR<br>";
   $filmlaenge=$filmlaenge+15;
   $zuschlag=$zuschlag+0.50;
}
while($filmlaenge<=180);
```

Nach der Schleifenbedingung ist bei der do-while-Schleife ein Semikolon zu setzen:

```
do
{
    ...Schleifenkörper...
}
while(Schleifenbedingung);
```

Dem entspricht die Überprüfung der Schleifenbedingung im Fuße des Struktogrammelements.

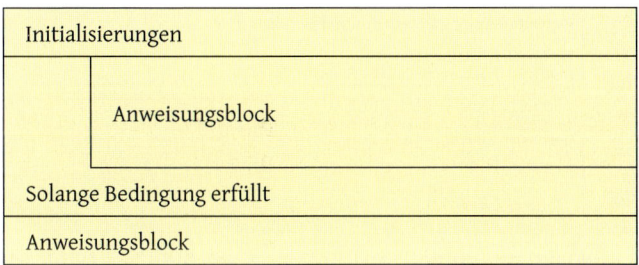

Im Verlaufe des Buches werden Sie in vielen Beispielen kopf- und fußgesteuerte Schleifen sowie Zählschleifen einsetzen. An den Beispielen wird dann auch der vorteilhafte Einsatz eines bestimmten Schleifentyps geübt.

3.15 Aufgaben

1 Bei einem Glücksspiel gibt es fünf Gewinnstufen. Jede Gewinnstufe ist um 50 % höher als die vorherige. Es beginnt bei Stufe 1 mit 1 000,00 €.

Gewinnstufen:
- Stufe 1: 1 000,00 €
- Stufe 2: 1 500,00 €
- Stufe 3: 2 250,00 €
- Stufe 4: 3 375,00 €
- Stufe 5: 5 062,50 €

a) Entwerfen Sie jeweils ein Struktogramm für eine kopfgesteuerte Schleife, eine fußgesteuerte Schleife und eine Zählschleife.
b) Berechnen Sie die Gewinnstufen mit der while-Schleife, der do-while-Schleife und der for-Schleife.

2 Eine Internetseite „wertminderung.php" soll die Wertminderung eines Anlagegegenstands berechnen. Der Benutzer gibt den Anschaffungswert des Anlagegegenstands, die jährliche Wertminderung in Prozent und den voraussichtlichen Restwert am Ende der Nutzung in ein Formular ein. Das Programm gibt den Wert am Ende eines Jahres aus, solange er größer als der eingegebene Restwert ist.

Für einen Anschaffungswert von 1 000,00 € mit einer jährlichen Wertminderung von 15 % und einem voraussichtlichen Restwert von 400,00 € wird die in der Abbildung ersichtliche Wertminderung des Anlagegenstands wie folgt berechnet:

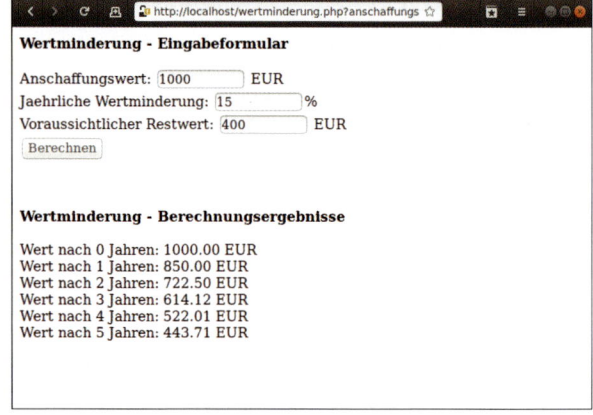

. Sie erhalten den Auftrag, ein PHP-Skript zur Berechnung von Zinseszinsen zu implementieren. Der Benutzer gibt das Anfangskapital K_0, die Laufzeit n in Jahren und den Zinsfuß p in ein Formular ein (Datei: „geldanlage.html"). Das Skript berechnet das Kapital K_n nach n Jahren:

$$K_1 = K_0 \cdot (1 + \frac{p}{100})$$

$$K_2 = K_1 \cdot (1 + \frac{p}{100})$$

...

$$K_n = K_{n-1} \cdot (1 + \frac{p}{100})$$

Erstellen Sie das PHP-Skript „zinseszins.php".

3.16 Arrays

Auftrag

In den Kinosälen gibt es für die Plätze drei verschiedene Kategorien und Preisstufen. Die Platzkategorien sollen dem Benutzer mit Preisen angezeigt werden.

Indizierte Arrays

Im PHP-Skript „platz_kategorien.php" werden die Preise in einem Array abgebildet. Ein Array speichert Gruppen von Datenwerten.

platz_kategorien.php

```
<html>
<head><title>Kinocenter</title></head>
<body>
<?php
$preisstufe=array();
$i=0;
$kategorie=1;

//Preise der Kategorien
$preisstufe[0]=11.00;
$preisstufe[1]=12.00;
$preisstufe[2]=13.50;

//Ausgabe der Kategorien
echo"<b>Preis nach Kategorie</b><br><br>";
do
{
  echo"Kategorie $kategorie: $preisstufe[$i] EUR<br>";
  $kategorie=$kategorie+1;
  $i=$i+1;
}
while($i<count($preisstufe));
?>
</body>
</html>
```

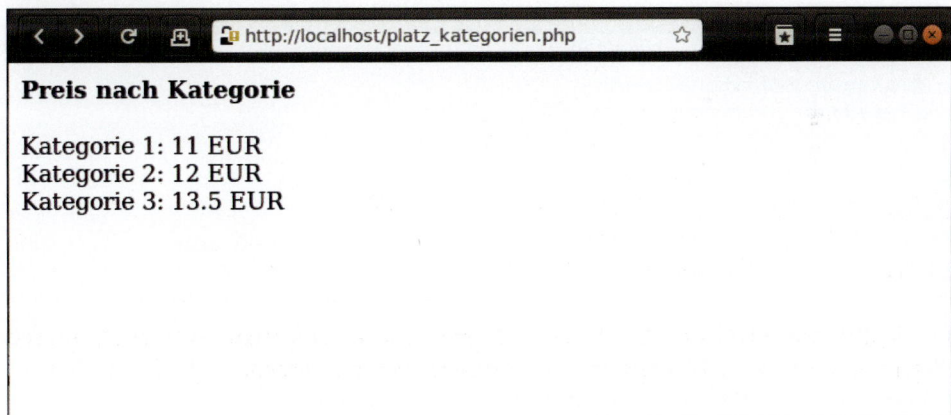

Abb. 3.13: Ausgabe der Preisstufen nach Kategorien

Mit array() wird die Variable $preisstufe als Array definiert:

```
$preisstufe=array();
```

Es gibt zwei Arten von Arrays: indizierte und assoziative. Bei indizierten Arrays wird über einen fortlaufenden Index auf einen Datenwert zugegriffen. Der Index beginnt bei 0 und endet bei n – 1, wobei n die Gesamtzahl der Datenwerte abbildet. Assoziative Arrays werden weiter unten besprochen.

Bei dem indizierten Array $preisstufe werden die Datenwerte wie folgt organisiert:

Array $preisstufe

Index	Datenwert
0	11.00
1	12.00
2	13.50

```
//Preise der Kategorien
$preisstufe[0]=11.00;
$preisstufe[1]=12.00;
$preisstufe[2]=13.50;
```

Mit $preisstufe[2] wird also beispielsweise über den Index 2 auf den Datenwert 13.50 zugegriffen (entspricht der Preiskategorie 3). Ein Index wird auch als Array-Key bezeichnet.

Innerhalb der do-while-Schleife werden nun der Reihe nach die Preise aus dem Array $preisstufe gelesen und ausgegeben:

```
do
{
  echo"Kategorie $kategorie: $preisstufe[$i] EUR<br>";
  $kategorie=$kategorie+1;
  $i=$i+1;
}
while($i<count($preisstufe));
```

Der Zugriff auf die einzelnen Array-Elemente erfolgt dabei über $preisstufe[$i]. $i ist eine Laufvariable, die mit jedem Schleifendurchlauf um 1 erhöht wird ($i=$i+1;).

Der Abbruch der Schleife erfolgt, wenn alle Array-Elemente abgearbeitet wurden, also wenn $i gleich der Anzahl der Array-Elemente geworden ist. Die Anzahl der Array-Elemente wird durch die Funktion count() ermittelt: count($preisstufe).

> **In einem Array können mehrere Datenwerte des gleichen Datentyps abgespeichert werden. Auf die Datenwerte wird mittels Indizes zugegriffen.**

Assoziative Arrays

Die Platzkategorien des Kinocenters werden nun mit „A", „B" und „C" benannt. PHP unterstützt dies: Sie können also auch Zeichen oder Zeichenketten als Array-Key benutzen. Dann greift z. B. $preisstufe["C"] über den Array-Key C auf den Datenwert 13.50 zu.

Bei der Überarbeitung des Skripts werden noch zwei weitere Annehmlichkeiten eingesetzt: Die Zuweisung von Startwerten wird direkt bei der Definition des Arrays vorgenommen und bei der Ausgabe wird das Array mit foreach durchlaufen.

platz_kategorien_assoc.php

```html
<html>
<head><title>Kinocenter</title></head>
<body>
<?php
//Preisstufen festlegen
$preisstufe=["A"=>11.00,
             "B"=>12.00,
             "C"=>13.50];

//Ausgabe der Preisstufen
echo"<b>Preis nach Kategorie</b><br><br>";
foreach($preisstufe as $kategorie => $preis)
{
  echo"Kategorie $kategorie: ";
  echo number_format($preis,2,',',' ');
  echo" EUR<br>";
}
?>
</body>
</html>
```

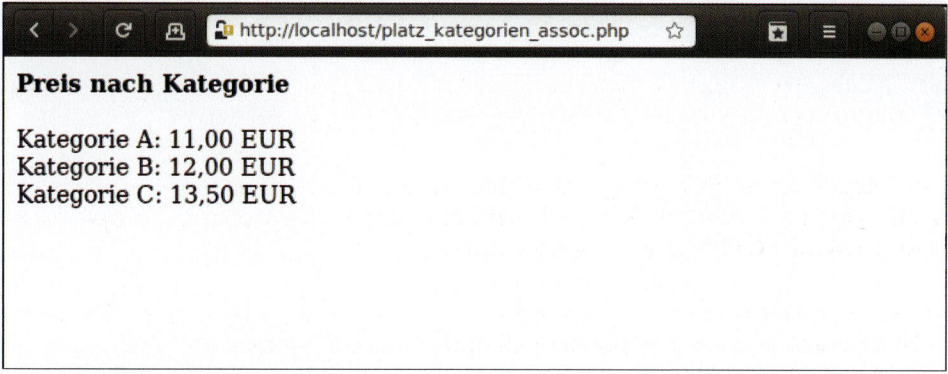

Abb. 3.14: Platzkategorien mit Buchstaben dargestellt

Sie können gleichzeitig ein Array definieren und die Werte zuweisen:

```
//Preisstufen festlegen
$preisstufe=["A"=>11.00,
             "B"=>12.00,
             "C"=>13.50];
```

Das Array nimmt, durch Komma getrennt, die Array-Keys mit den zugehörigen Datenwerten entgegen. Die Auflistung erfolgt in eckigen Klammern:

```
$array=[Array-Key1 => Datenwert1,
        Array-Key2 => Datenwert2,
        Array-Key3 => Datenwert3,
        ...];
```

Mit foreach haben Sie die Möglichkeit, das Array Element für Element durchzugehen:

```
foreach($preisstufe as $kategorie => $preis)
{
  echo"Kategorie $kategorie: ";
  echo number_format($preis,2,',',' ');
  echo" EUR<br>";
}
```

Das jeweilige Element des Arrays wird aufgesplittet in $array_key und $datenwert. Nach der Bearbeitung der Anweisungen im Schleifenkörper wird im nächsten Schleifendurchlauf automatisch das nächste Array-Element herangeholt. Das Schema lautet:

```
foreach($array as $array_key => $datenwert)
{
 ...Anweisungen...
}
```

3.17 Aufgaben

1 In einem Array sollen die Quartalsumsätze gespeichert werden:
   - 1. Quartal: 12 000,00 €
   - 2. Quartal: 14 000,00 €
   - 3. Quartal: 10 000,00 €
   - 4. Quartal: 15 000,00 €

   Das PHP-Skript „quartalsumsaetze.php" soll
   a) die Quartalsumsätze ausgeben und
   b) das Quartal mit dem höchsten Umsatz ausgeben.

2 Ein Array speichert die Tagestemperaturen der letzten Woche. Erstellen Sie ein PHP-Skript „temperaturen.php", das
a) die niedrigste,
b) die höchste und
c) die durchschnittliche Temperatur
der letzten Woche ausgibt.

3

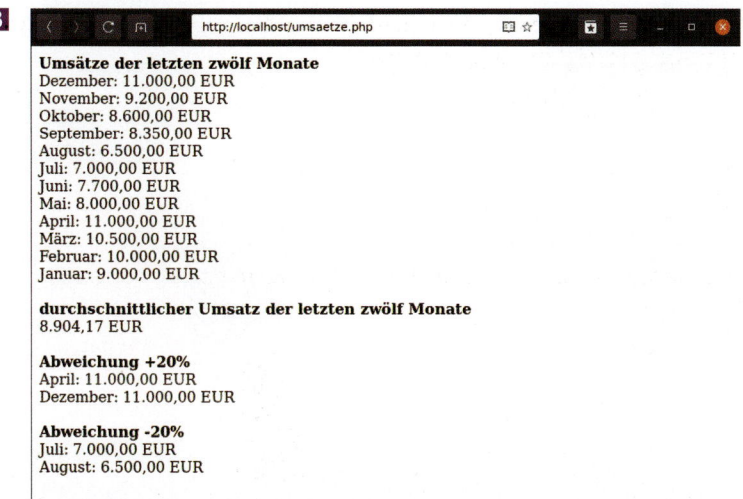

In dem Array $umsatz sind die Umsätze der letzten zwölf Monate hinterlegt. Die Monatsnamen werden in dem separaten Array $monat gespeichert. Geben Sie folgende Daten aus:
a) die Umsätze in umgekehrter Reihenfolge
b) den durchschnittlichen Umsatz
c) die Monate mit einer Abweichung von ± 20 % vom Durchschnittsumsatz

1010101010101010101010100101010101001010101010100101010100101010101001010101
1010101010101010101010100101010101001010101010100101010100101010101001010101
0010101010101010101010100101010101001010101010100101010100101010101010010101
0010101010101010101010100101010101001010101010100101010100101010101010010101
0101010101010101010101010100101010101001010101010100101010101010010101010010
1010101010101010101010101001010101010010101010101001010101010101010101001010
0101010101010101010101010100101010101010101010101010101010101010101010100010
0010

4 Das Projekt „Kinocenter" – Integration einer Datenbank

4.1 Projektauftrag

Die ersten Seiten des Projekts „Kinocenter" stehen. Bisher wurden rein in HTML codierte Webseiten und Seiten mit Formularanfragen, die von PHP verarbeitet wurden, erstellt.

Zukünftig soll das Filmprogramm nicht mehr händisch von einem Programmierer in den Quellcode eingegeben werden, sondern die Kinomitarbeiter sollen das Filmprogramm über Eingabemasken selbst eingeben können. Das Filmprogramm wird in einer MySQL-Datenbank abgespeichert. PHP-Skripte greifen auf die MySQL-Datenbank zu und lesen das Filmprogramm aus.

Da das Projekt mittlerweile einen größeren Umfang angenommen hat, ist es sinnvoll, methodisch vorzugehen. Im nächsten Abschnitt lernen Sie verschiedene Softwareentwicklungsmethoden kennen. Zur Entwicklung von Software gehört, dass der Quellcode gleichzeitig dokumentiert wird.

4.2   Softwareentwicklungsmethoden

Die Entwicklung von Software geschieht in der Regel im Team unter Kosten- und Zeitdruck. Ist die zu entwickelnde Software umfangreich und soll ein qualitativ anspruchsvolles Produkt entwickelt werden, ist ein methodisches Entwickeln der Software unabdingbar. In diesem Kapitel werden drei gängige und doch sehr unterschiedliche Softwareentwicklungsmethoden vorgestellt: das klassische Phasenmodell, die iterativ-inkrementelle Softwareentwicklung und die Extreme Programmierung.

Das Ziel des Softwareentwicklungsprozesses ist qualitative Software, die folgende Anforderungen erfüllt:

- **Zuverlässigkeit:** Das Softwaresystem arbeitet auch bei ungewöhnlichen Bedienungen und Eingabedaten sowie bei Ausfall von Komponenten und liefert aussagekräftige Fehlermeldungen.
- **Benutzerfreundlichkeit:** Das Softwaresystem ist vom Benutzer leicht zu handhaben.
- **Wartbarkeit:** Das Softwaresystem kann auch von am Projekt nicht beteiligten Programmierern verstanden und gewartet werden.
- **Anpassbarkeit:** Das Softwaresystem kann leicht an weitere Benutzeranforderungen angepasst werden.
- **Wiederverwendbarkeit:** Komponenten des Softwaresystems können in anderen Projekten wiederverwendet werden.

Das klassische Phasenmodell

> **Beim klassischen Phasenmodell wird die Softwareentwicklung in mehrere Phasen unterteilt.**

Eine neu eingeleitete Phase baut auf den Ergebnissen vorangegangener Phasen auf. Die jeweilige Aktivität bringt am Ende der Phase ein entsprechendes Dokument hervor. Abbildung 4.1 verdeutlicht den Aufbau des Phasenmodells.

In der ersten Phase, der Problemanalyse, wird das vorliegende Problem vollständig und eindeutig beschrieben. Anforderungen an die zu entwickelnde Software werden in der Anforderungsdefinition festgehalten. Die Anforderungsdefinition bildet ein verbindliches Dokument zwischen Auftraggeber und Softwareentwickler.

Die Anforderungsdefinition umfasst folgende Punkte:

- Zielbeschreibung (Zweck, Anwendungsbereiche, Abgrenzungskriterien, ...)
- Umgebungsbedingungen (Benutzer, Software, Hardware, ...)
- Produktfunktionen/-leistungen (aus Benutzersicht)
- Produktdaten (Ein- und Ausgabedaten, zu speichernde Daten, ...)
- Benutzeroberfläche
- Mögliche spätere Systemerweiterungen

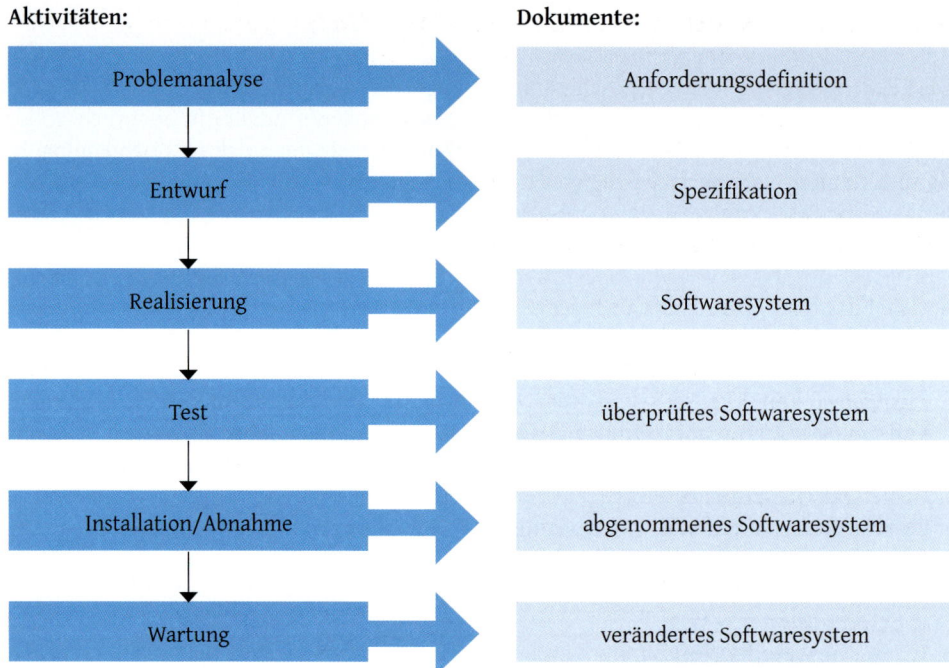

Aktivitäten:

- Problemanalyse
- Entwurf
- Realisierung
- Test
- Installation/Abnahme
- Wartung

Dokumente:

- Anforderungsdefinition
- Spezifikation
- Softwaresystem
- überprüftes Softwaresystem
- abgenommenes Softwaresystem
- verändertes Softwaresystem

Abb. 4.1: Das klassische Phasenmodell

Auf Grundlage der Anforderungsdefinition kann der Softwareentwickler nun einen Entwurf erarbeiten. Der Entwurf muss der Anforderungsdefinition genügen. Die Ergebnisse werden in der Spezifikation festgehalten. Die Spezifikation umfasst detaillierte Angaben zu:

- Programmentwurf (Programmteile, Wechselwirkungen der Programmteile, ...)
- Datenbankentwurf (ER-Modell, ...)
- Designentwurf (Scribble-Design, Sitemap, ...)

Die Realisierung der Spezifikation hat das Ziel, leicht verständliche und änderbare Software hervorzubringen. Da die Spezifikation unvollständig oder auch mehrdeutig sein kann, wird auch in dieser Phase mit dem Auftraggeber kommuniziert. Innerhalb der Realisierung werden die einzelnen Programmteile bereits getestet. Hierzu wird eine Testumgebung entwickelt. Grundlage der Tests ist die Spezifikation.

Die einzelnen Programmteile werden in der Phase „Test" zusammengefügt und als Ganzes getestet (Integrationstest). Leistungsmessungen werden durchgeführt. Als Teil der Spezifikation wird schon vor der Realisierung eine Testspezifikation geschrieben. Die Testspezifikation bezieht sich auf die Systemspezifikation. Sie beschreibt genau, wie die späteren Tests durchzuführen sind. Einzelne Testschritte und deren zu erwartende Ergebnisse werden formuliert. Ein Test muss reproduzierbar sein.

In der Phase „Installation/Abnahme" wird die überprüfte Software beim Auftraggeber installiert. Wenn die Umstellung auf das neue System im laufenden Betrieb durchgeführt wird, sind besondere Maßnahmen zu erarbeiten. Nach der Installation wird die Software durch den Auftraggeber abgenommen. Benutzer müssen in die Software eingearbeitet werden.

Die Wartung umfasst die Behebung von Fehlern und die Anpassung der Software an neue Anforderungen, z.B. wenn die Benutzeroberfläche einer neuen Gestaltung bedarf oder Teilsysteme ausgetauscht werden müssen, weil sie ineffizient sind. Die Software ist eventuell an neue Systemumgebungen anzupassen.

Gerade bei größeren Projekten zeigt das klassische Phasenmodell aufgrund seiner linearen Struktur Mängel. Zu Beginn eines Projekts werden ausführliche Planungen erstellt. Zu diesem Zeitpunkt ist es aber oft schwer möglich, alle technischen Probleme und Entscheidungsalternativen vorauszusehen. Der Benutzer muss seine Anforderungen in den ersten Phasen detailliert und umfassend beschreiben. Oft werden viele Wünsche erst im Laufe des Projekts greifbar. Änderungen an den Anforderungen sind im klassischen Phasenmodell schwer vorzunehmen. Die iterativ-inkrementelle Softwareentwicklung und die Extreme Programmierung beschreiten einen praxisgerechteren Weg.

Iterativ-inkrementelle Softwareentwicklung

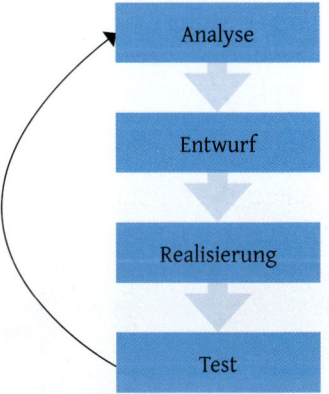

Abb. 4.2: Iterativ-inkrementeller Entwicklungsprozess

In mehreren Durchläufen wird das Softwaresystem implementiert. Jeder Durchlauf ist sozusagen ein eigenes Projekt. Die getestete Software wird nach jedem Durchlauf freigegeben.

> **Vom klassischen Phasenmodell unterscheidet sich die iterativ-inkrementelle Softwareentwicklung durch ein gewolltes mehrfaches Durchlaufen der Phasen „Analyse", „Entwurf", „Realisierung" und „Test".**

Am Ende eines jeden Durchlaufs steht lauffähige Software. Jeder einzelne Durchlauf setzt nur eine Teilmenge der Anforderungen des Projekts um. Da die Software so von Durchlauf zu Durchlauf wächst, wird dieses Vorgehen als iterativ-inkrementeller Entwicklungsprozess bezeichnet.

Extreme Programmierung

Die Extreme Programmierung wählt einen aus der Erfahrung gewonnenen, in allen Aspekten pragmatischen Ansatz zur Entwicklung von Software. Der entscheidende Ansatzpunkt ist die Überlegung, dass die folgenden Faktoren nicht alle zugleich frei festgelegt werden können:

- Anzahl verfügbarer Softwareentwickler
- Zeit
- Umfang
- Qualität

Da qualitative Software von einem bestimmten Team in einer vorgegebenen Zeit zu erstellen ist, lässt sich oft nur der Faktor Umfang flexibel gestalten.

Dementsprechend teilen Auftraggeber und Programmierer das Projekt in viele sogenannte User Stories auf.

> **Eine User Story ist ein handhabbarer Ausschnitt aus dem Gesamtprojekt.**

In Absprache mit dem Auftraggeber werden ein Zeitplan und eine Reihenfolge für die Bearbeitung der User Stories ausgearbeitet. Nach Fertigstellung einer User Story kann dem Auftraggeber diese Software schon präsentiert werden. Der Auftraggeber kann die Software kennenlernen und frühzeitig Rückmeldung über z. B. Änderungswünsche geben.

Software wird bei der Extremen Programmierung jeweils in Partnerarbeit erstellt: Während der eine Partner programmiert, analysiert der andere Partner strategische Probleme. Sie diskutieren während der Entwicklung Entwurfsalternativen. Die Aufgaben werden innerhalb eines Projekts regelmäßig gewechselt. Ein Mitarbeiter übernimmt die Rolle des "Trackers" (engl. *to track*, verfolgen). Er überwacht die Einhaltung des Projektplans.

Bei der Extremen Programmierung wird der Programmcode so einfach und schlank wie möglich gehalten. Jederzeit muss ein funktionsfähiges Gesamtsystem verfügbar sein.

Neu entwickelte Funktionalitäten werden direkt getestet. Eine erfolgreich getestete Funktionalität wird in das Gesamtsystem integriert.

4.3   Dokumentation von Software

Software, die im Einsatz ist, muss gewartet und weiterentwickelt werden. Eine gut dokumentierte Software und klare Programmierrichtlinien erleichtern dies bzw. machen es in vielen Fällen überhaupt erst möglich.

> **Die Dokumentation von Software erleichtert deren Wartung und Erweiterung.**

Aufgrund von Zeitdruck wird die Dokumentation oft vernachlässigt. Kurzfristig scheint das die Produktivität zu erhöhen. Mittel- und langfristig aber wird die Softwareentwicklung dadurch unwirtschaftlich. Wichtige Dokumentationsarten sind die Entwurfsdokumentation und die Inline-Dokumentation.

Entwurfsdokumentation

Zur Entwurfsdokumentation gehören alle Diagramme der Design-Phase. Bei webbasierten Anwendungen sind das die verschiedenen UML-Diagramme (siehe Kapitel 9.2) und das ER-Modell. Die Diagramme werden durch Detailbeschreibungen in Textform ergänzt.

Abwägungen zwischen technischer Machbarkeit und Konzepten aus der realen Welt werden in der Entwurfsdokumentation begründet. Da sich das Softwaresystem dynamisch entwickelt, ist die Entwurfsdokumentation kontinuierlich zu aktualisieren. Hieraus folgt auch, dass der Entwurf nicht zu sehr ins Detail gehen sollte. Andernfalls ist der Aufwand zur Pflege der Entwurfsdokumentation nicht mehr praktikabel.

Inline-Dokumentation

Unter Inline-Dokumentation wird das Einfügen von Kommentaren in den Quellcode verstanden. Neben einer kompletten Kommentarzeile werden Kommentare auch an das Ende einer Befehlszeile gesetzt. Ein Kommentar wird in PHP mit zwei Schrägstrichen // eingeleitet. Erstreckt sich ein Kommentar über mehrere Zeilen, kann er auch mit der Zeichenfolge /* begonnen und mit */ beendet werden. Der PHP-Interpreter wird die so markierten Bereiche ignorieren.

Ziel des Kommentierens ist es, einem fremden Programmierer zu ermöglichen, sich schnell in den Quellcode einzuarbeiten. Außerdem findet man sich auch selbst besser im kommentierten Quellcode zurecht, wenn er nach einiger Zeit fremd geworden ist.

Beim Kommentieren eines Programms sollte man sich fragen, welche Informationen ein Fremdleser für das Verständnis des Programms benötigt. Kommentare müssen kurz und präzise sein. Bei Programmänderungen sind gleichzeitig die entsprechenden Kommentare zu ändern. Es ist wesentlich einfacher und insgesamt zeitsparender, den Kommentar mitzuändern, als das Programm nachzukommentieren. Falsche Kommentare sind schlechter als gar keine Kommentare.

Zu Beginn eines Skripts empfiehlt es sich, eine Kurzbeschreibung, den Namen des Autors mit E-Mail-Adresse und die Version inkl. Erstellungsdatum anzugeben:

```
/**
*Kurzbeschreibung, 1-3 Zeilen
*
*@author Vorname Name <email@des.autors>
*@version Versionsnummer Datum
*/
```

Wichtige Abschnitte des Quellcodes werden durch einen einleitenden Kommentar erklärt. Die jeweils gewählten Verfahren (Algorithmen) sollten begründet werden. Die Syntax wird jedoch nicht erklärt, da sie selbsterklärend ist: Vor einer if-Verzweigung muss nicht extra kommentiert werden, dass jetzt verzweigt wird. Der Inhalt von Variablen wird bei der Definition durch einen kurzen Kommentar erklärt.

Variablen-, Funktions-, Klassen-, Methodennamen usw. sollten möglichst selbsterklärend gewählt werden. Lange Namen erfordern zwar etwas mehr Schreibaufwand, beim Lesen und Testen des Programms spart man diese Zeit aber wieder ein. Benutzen Sie nur allgemein gebräuchliche Abkürzungen, die ohne weitere Erklärungen verstanden werden können, z.B. „Nr" für Nummer. Funktions- und Methodenbezeichnungen werden verständlich durch großgeschriebene Anfangsbuchstaben, z.B. „liesWerte", oder durch einen Unterstrich, z.B. „lies_Werte".

Funktionen und Klassenmethoden sollten Sie grundsätzlich dokumentieren. Neben einer Kurzbeschreibung werden die Parameter und die return-Rückgabe kommentiert:

```
/**
*Kurzbeschreibung, 1-3 Zeilen
*
*@param datentyp $parametername Beschreibung
*@param datentyp $parametername Beschreibung
*@return datentyp Beschreibung
*/
```

Nützlich sind Tools, die aus Quellcodes eine Dokumentation erstellen können. Solche Dokumentationstools erstellen übersichtliche Klassendokumentationen, Schnittstellenbeschreibungen und Vererbungshierarchien. Um von diesen Tools automatisch eine Dokumentation erzeugen zu lassen, ist die Inline-Dokumentation nach vorgegebenen Regeln aufzubauen. Die Grundstruktur ist ein durch Kommentarzeichen umrandeter Block:

```
/**
*
*/
```

Innerhalb dieses Blocks können Beschreibungen verfasst oder Dokumentations-Tags (nicht zu verwechseln mit HTML-Tags) eingefügt werden. Oben haben Sie schon die Tags @author, @version, @param und @return kennengelernt.

4.4   Aufgaben

1 Nennen Sie drei Anforderungen, die an qualitative Software gestellt werden.

2 Vergleichen Sie das klassische Phasenmodell, die iterativ-inkrementelle Software-entwicklung und die Extreme Programmierung. Stellen Sie Vor- und Nachteile heraus.

3 Beantworten Sie die Fragen zur Dokumentation von Software.
a) Welches sind die Ziele der Inline-Dokumentation?
b) Welche Regeln gelten für das Kommentieren von Quelltexten?

5.1   Aufbau eines Datenbanksystems

Komponenten eines Datenbanksystems

Die meisten Programme basieren auf Datenbanksystemen. Ein Datenbanksystem bietet PHP-Skripten über Schnittstellen Zugriff auf eine Datenbank. Die Schnittstelle ist das sogenannte Datenbank-Managementsystem.

MySQL legt die Gesamtheit der Daten in verschiedene Datenbanken ab, wobei jede Datenbank Daten umfasst, die inhaltlich zusammengehören.

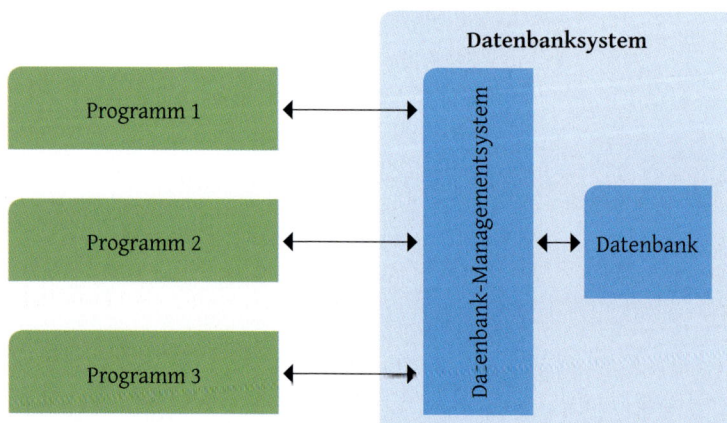

Abb. 5.1: Aufbau eines Datenbanksystems

Mehrere Programme können parallel auf das Datenbanksystem zugreifen. Sie arbeiten mit demselben Datenbestand. Diese Daten werden meist zentral auf einem Rechner abgespeichert und vom Datenbank-Managementsystem verwaltet.

Client-Server-Architektur

Das oben beschriebene Datenbankkonzept beschreibt eine Client-Server-Architektur. Unter dem Begriff der Architektur wird die Hard- und Software zusammengefasst, die benötigt wird, um eine spezielle Anwendung realisieren zu können. Sie legt fest, wie die einzelnen Komponenten im Netzwerk kommunizieren. In der Netzwerktechnik werden die Begriffe Client und Server sowohl für Hard- als auch für Software verwendet:

- **Server:** Anbieter einer Dienstleistung
  a) Netzwerkcomputer mit speziellen Eigenschaften
  b) Programm, dessen Dienste vom Netz aus benutzt werden können
- **Client:** Nutzer einer Dienstleistung
  a) Netzwerkcomputer, der Server benutzt
  b) Programm, das die Services anderer Programme benutzt

Abb. 5.2: Client-Server-Architektur

Clients sind im Datenbankkonzept die Programme, die auf das Datenbanksystem zugreifen. Auf dem Server läuft das Datenbanksystem als Prozess. Der Datenbankserver nimmt Anfragen von Clients entgegen, greift auf den Datenbankinhalt zu und gibt eine Antwort zurück.

Dabei können mehrere Clients gleichzeitig auf den Datenbankserver zugreifen. Sie laufen entweder auf dem gleichen Rechner wie das Datenbanksystem oder sie greifen über ein Netzwerk auf dieses zu.

Zwischen Client und Server werden hauptsächlich Nutzdaten übertragen. Die eigentliche Ausführung der Datenbankanfragen erfolgt auf dem Server. Dies hat den Vorteil, dass die Clients von rechner- und speicherintensiven Prozessen entlastet werden.

5.2 Aufgaben

1 Erklären Sie die Begriffe Datenbanksystem, Datenbank-Managementsystem und Datenbank.

2 Nennen Sie jeweils drei eigene Beispiele für Clients und Server in der Informationstechnik.

3 Nennen Sie drei Gründe für den Einsatz einer Client-Server-Architektur.

5.3   Entwurf einer relationalen Datenbank

Auftrag

Sie entwickeln das Webprojekt „Kinocenter" weiter. Das Filmprogramm soll in einer MySQL-Datenbank gespeichert werden.

Zunächst muss sich der Datenbankentwickler mit der Aufgabenstellung auseinandersetzen. Er erstellt einen Entwurf, der sich auf einen umrissenen Teil der Realwelt bezieht. Als Hilfsmittel für den Entwurf dient das Entity-Relationship-Modell. Es bildet die Grundlage für das relationale Datenmodell. Das relationale Datenmodell überträgt das Entity-Relationship-Modell auf eine Tabellenstruktur. Die technische Umsetzung geschieht letztendlich in einem relationalen Datenbanksystem wie MySQL.

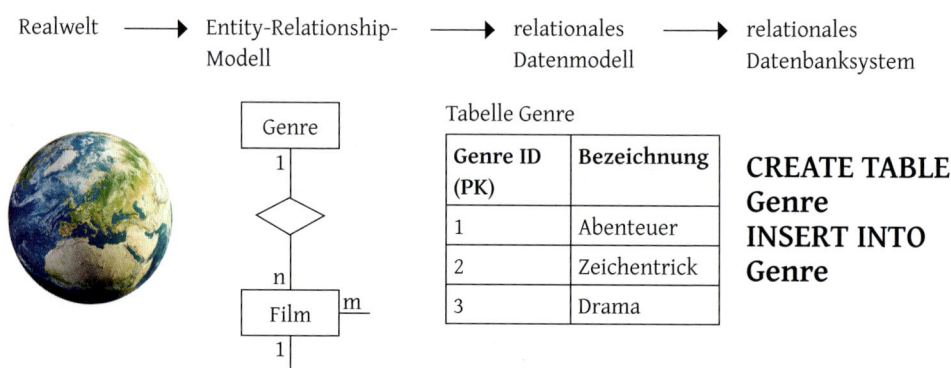

Abb. 5.3: Entwurf einer relationalen Datenbank

Der erste Schritt des Entwurfs einer relationalen Datenbank besteht in der Betrachtung der Realwelt.

Realwelt	Entity-Relationship-Modell	relationales Datenmodell	relationales Datenbanksystem

Im einem Projekt wird lediglich ein Ausschnitt der Realwelt in eine Datenbank abgebildet. Die Festlegung der Projektgrenzen erfolgt in enger Absprache mit dem Kunden. Wichtige Überlegungen sind außerdem, welche Aspekte für das Projekt relevant sind. Je nach Aufgabenstellung werden diese Vereinfachungen anders ausfallen.

**YELLOWSTONE RIVER
VOR LANGER ZEIT
GEHEIMNIS DES ÄQUATORS**

Der vorliegende Auftrag bezieht sich auf das Filmprogramm und die Vorführungen des Kinocenters. Es sollen die Filmlänge, das Erscheinungsjahr und das Genre eines Filmes gespeichert werden. Neben den Terminen der Vorführungen sollen noch die Kinosäle mit der Anzahl der Sitzplätze in die Datenbank aufgenommen werden.

5.4   Entity-Relationship-Modell

Realwelt	Entity-Relationship-Modell	Relationales Datenmodell	Relationales Datenbanksystem

Im Entity-Relationship-Modell werden greifbare oder gedankliche Objekte der Realwelt – die Entitäten – in Beziehung zueinander gesetzt (engl. *entity*, Entität; engl. *relationship*, Beziehung).

> **Entität ist ein abstrakter Begriff und meint „ein Ding der Wirklichkeit".**

Eine Entitätsmenge ist eine Menge von Objekten mit ähnlichen Merkmalen.

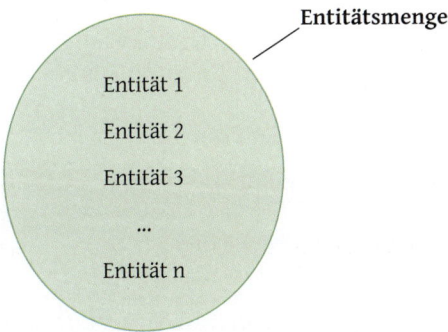

In den nächsten Abschnitten wird erklärt, wie ein Datenbankentwurf für das Projekt „Kinocenter" erstellt wird. Abgespeichert werden sollen folgende Daten:

· Informationen zum Film
· Genre des Films
· Kinosaal
· Vorführungen
· Besucherzahl

Dies sind die Entitätsmengen für das Entity-Relationship-Modell des Projekts „Kinocenter". Der Film „Yellowstone River" ist z. B. eine Entität der Entitätsmenge „Film".

Film

Yellowstone River

Vor langer Zeit

Geheimnis des
Äquators

Es ist üblich, für eine Entitätsmenge einen Begriff in der Einzahl zu wählen, z.B. „Film"
anstatt „Filme".

Weiterhin sind noch Attribute für jede Entitätsmenge festzulegen.

> **Ein Merkmal wird im Entity-Relationship-Modell als Attribut bezeichnet.**

Die Attribute ergeben sich aus der Aufgabenstellung. Attribute eines Films sind z.B. der
Titel, die Filmlänge und das Erscheinungsjahr.

Eine Entität nimmt spezifische Werte für ihre Attribute an. Der Film „Yellowstone River"
nimmt für das Attribut „Filmlänge" den Wert 135 an (in Minuten).

Die folgende Tabelle gibt eine Übersicht der Entitätsmengen und zugehörigen Attribute:

Entitätsmenge	Attribute
Film	Titel Filmlänge Erscheinungsjahr
Genre	Bezeichnung
Saal	Saalnummer Etage Sitzplätze
Vorführung	Termin
Besucher	Anzahl

Die Entitätsmengen stehen wie folgt in Beziehung zueinander:

- Genre zu Film: 1:n-Beziehung
- Film zu Saal: m:n-Beziehung
- Film zu Besucher: 1:1-Beziehung

Die Entitätsmenge „Vorführung" ist Bestandteil der m:n-Beziehung von „Film" zu „Saal".

1:n-Beziehungen

Im Detail sieht die Beziehung zwischen „Genre" und „Film" wie folgt aus:

- Ein Genre ist <u>mehreren</u> Filmen zugeordnet.
- Ein Film gehört zu <u>einem</u> Genre.

Beziehungen dieses Typs werden als 1:n-Beziehung bezeichnet.

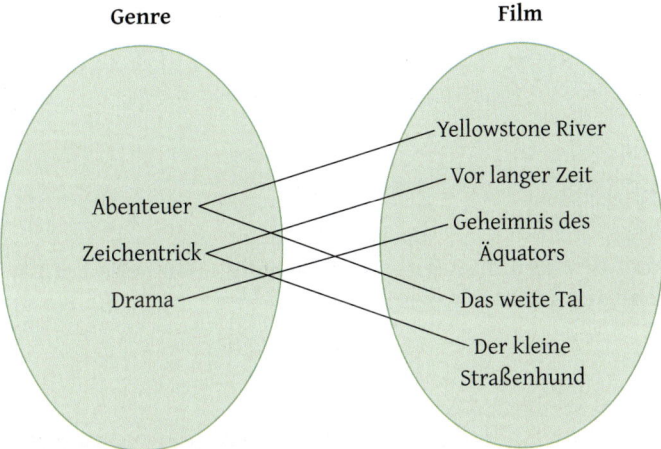

> Zwei Entitätsmengen A und B stehen in einer 1:n-Beziehung, wenn jede Entität aus A mit mehreren Entitäten aus B in Beziehung steht und umgekehrt jede Entität aus B mit einer Entität aus A in Beziehung steht.

Es gibt verschiedene grafische Darstellungsformen von Entity-Relationship-Modellen. Das hier verwendete Diagramm stellt eine Entitätsmenge als Rechteck und eine Beziehung als Raute dar. Dabei steht n für „mehrere":

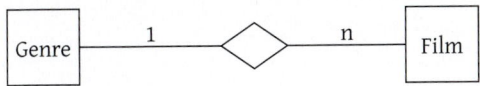

Bei 1:n-Beziehungen ist die Richtung zu berücksichtigen. In diesem Fall ist die Beziehung vom Genre zum Film gerichtet.

m:n-Beziehungen

Jetzt wird die zweite Beziehung im Datenbank-Projekt modelliert:

- Ein Film läuft in <u>mehreren</u> Sälen.
- In einem Saal werden <u>mehrere</u> Filme gezeigt.

Es liegt eine m:n-Beziehung vor.

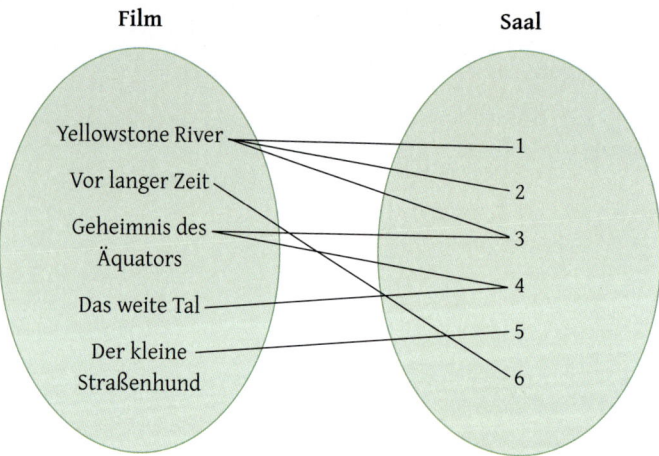

> **Zwei Entitätsmengen A und B stehen in einer m:n-Beziehung, wenn jede Entität aus A bzw. aus B mit mehreren Entitäten der jeweils anderen Entitätsmenge in Beziehung steht.**

Die Kennzeichnungen m und n stehen beide Male für „mehrere".

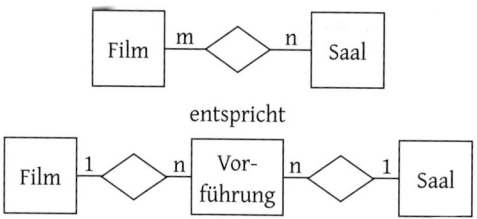

Letztlich besteht eine m:n-Beziehung aus zwei 1:n-Beziehungen. Im vorliegenden Fall geht eine Beziehung von der Entitätsmenge „Film" zur Entitätsmenge „Vorführung" und die andere geht von „Saal" zu „Vorführung":

In „Vorführung" wird vermerkt, welcher Film in welchem Saal zu welchem Termin stattfindet. Ein Termin setzt sich aus Datum und Uhrzeit zusammen.

1:1-Beziehungen

In der Entitätsmenge „Besucher" wird als Zusatzinformation die Zahl der Besucher gespeichert, die den Film bisher gesehen haben.

- Zu einem Film ist <u>ein</u> Wert für die Anzahl der Besucher gespeichert.
- Die Anzahl der Kinobesucher ist <u>einem</u> Film zugeordnet.

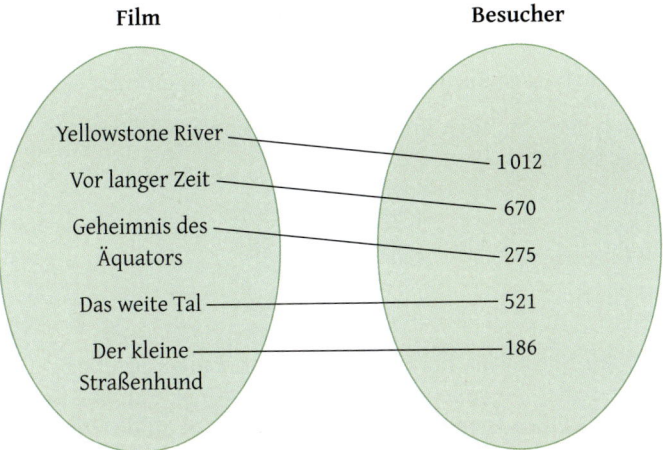

Film   Besucher

Yellowstone River
Vor langer Zeit
Geheimnis des Äquators
Das weite Tal
Der kleine Straßenhund

1012
670
275
521
186

Zwei Entitätsmengen A und B stehen in einer 1:1-Beziehung, wenn jede Entität aus A bzw. aus B mit genau einer Entität der jeweils anderen Entitätsmenge in Beziehung steht.

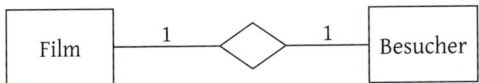

In der Praxis werden die beiden Entitätsmengen üblicherweise zu einer Entitätsmenge verschmolzen. Gründe für das separate Abspeichern könnten sein, dass diese mit anderen Anwendungen verknüpft sind oder dass Zugriffsbeschränkungen gesetzt werden sollen.

Entity-Relationship-Modell zum Projekt „Kinocenter"

Insgesamt ergibt sich folgendes Entity-Relationship-Modell:

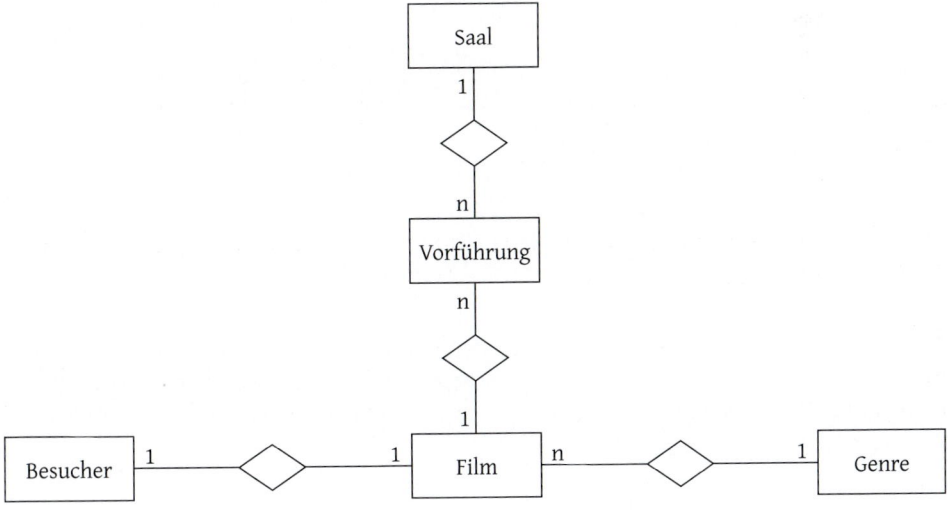

5.5 Aufgaben

1 Nennen Sie die vier Schritte des Datenbankentwurfs. Wozu dient jeder einzelne Schritt?

2 Ordnen Sie die Beziehungstypen 1:n, m:n und 1:1 den folgenden Beziehungen zu. Wählen Sie die nächstliegende Lösung.
- Volleyballer ↔ Verein
- Fahrgast ↔ Verkehrsmittel
- Abteilung ↔ Mitarbeiter
- Ehemann ↔ Ehefrau
- Lieferer ↔ Produkt

3 Ein Sportgeschäft plant, den Skiverleih mithilfe einer relationalen Datenbank zu verwalten. Die Leihartikel werden folgenden Kategorien zugeordnet: Ski, Skischuhe, Skistöcke, Snowboard und Snowboardschuhe. Vermerkt werden sollen des Weiteren der Hersteller, die Länge bzw. Größe, der Leihstatus (entliehen oder verfügbar) und eine Bemerkung. Wichtige Daten sind außerdem das Anschaffungsdatum, der Einkaufspreis und der Leihpreis pro Tag.

Für einen Ausleiher werden der Name, die Postleitzahl, der Ort und die Straße mit Hausnummer festgehalten. Gespeichert werden das Entleih- und Rückgabedatum inkl. Uhrzeiten.

Erstellen Sie ein passendes Entity-Relationship-Modell. Geben Sie zu jeder Entitätsmenge die Attribute an.

4 Entwerfen Sie ein Entity-Relationship-Modell (ohne Attributliste) für die Auftragsbearbeitung eines Unternehmens. Ein Auftrag umfasst mehrere Auftragspositionen. Neben den Auftragsdaten sind Kunden- und Artikeldaten in die relationale Datenbank aufzunehmen.

5.6 Relationales Datenmodell

Realwelt	Entity-Relationship-Modell	Relationales Datenmodell	Relationales Datenbanksystem

Auftrag

Das Entity-Relationship-Modell für das Projekt „Kinocenter" soll in ein relationales Datenmodell überführt werden.

Im vorangegangenen Abschnitt ging es um den Entwurf des Entity-Relationship-Modells für das Projekt „Kinocenter". Im nächsten Schritt wird das zugehörige relationale Datenmodell erstellt. Es bereitet die Umsetzung in das relationale Datenbanksystem MySQL vor.

In der Mathematik, die der Datenbanktheorie zugrunde liegt, entspricht eine Relation einer Tabelle. Die über Schlüssel in Beziehung gesetzten Tabellen werden als relationales Datenmodell bezeichnet. Es setzt sich aus Tabellen zusammen, deren Datensätze den Entitäten entsprechen. Die Tabellenspalten sind die Attribute des Entity-Relationship-Modells. Eine Tabelle repräsentiert demnach eine Entitätsmenge.

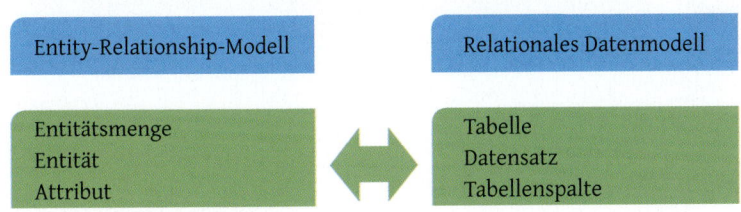

Abb. 5.4: Zuordnung der Begriffe

Primärschlüssel

Ein Primärschlüssel (engl. *primary key*, Abk. PK) dient im relationalen Datenmodell dazu, die Datensätze in einer Tabelle eindeutig zu identifizieren. Eine Tabellenspalte wird als Primärschlüssel definiert; jeder Datensatz nimmt für diese Tabellenspalte einen einmaligen Wert an. Der Film „Vor langer Zeit" könnte zum Beispiel zweimal vokommen – als Originalfilm und als Zeichentrickfilm. Der Filmtitel selbst wäre nicht mehr eindeutig. Man würde nicht wissen, auf welche Version sich die Angaben der Filmlänge und des Erscheinungsjahrs beziehen.

Der Primärschlüssel kann sich auch aus mehreren Spalten zusammensetzen, dann muss die Kombination der Werte eindeutig sein.

> **Der Primärschlüssel ist ein Attribut (oder eine Kombination mehrerer Attribute), das einen Datensatz eindeutig identifiziert.**

Die grundsätzlichen Regeln für Primärschlüssel sollten immer beachtet werden. Sie sind Voraussetzung für eine stabile, leicht wartbare Datenbank und für schnelle Abfragen:

- Keine sinnhaften Attribute wählen
- Keine Attribute wählen, deren Werte sich ändern könnten
- Kleinstmögliche Anzahl an Attributen wählen
- Einen numerischen Datentyp einsetzen

Entsprechend dieser Regeln wird für die Tabelle „genre" der Primärschlüssel genreID (ID ist die Abkürzung für *identification*) und für die Tabelle „film" der Primärschlüssel filmID gewählt.

Fremdschlüssel

Ein Fremdschlüssel (engl. *foreign key*, Abk. FK) ist ein Attribut, das auf einen Primärschlüssel einer anderen Tabelle verweist. Mittels Fremdschlüsseln lassen sich Beziehungen zwischen

Tabellen herstellen. Die Tabellen „genre" und „film" werden über die genreID in Beziehung gesetzt:

Tabelle „genre"

genreID (PK)	bezeichnung
1	Abenteuer
2	Zeichentrick
3	Drama

Tabelle „film"

filmID (PK)	titel	film-laenge	erscheinungs-jahr	genreID (FK)
42	Yellowstone River	135	2020	1
43	Vor langer Zeit	90	2019	2
44	Geheimnis des Äquators	90	2020	3
45	Das weite Tal	150	2019	1
46	Der kleine Straßenhund	75	2019	2

Zu jedem Film wird die zugehörige genreID vermerkt. Die Information, welches Genre sich hinter der genreID verbirgt, wird der Tabelle „genre" entnommen. Der Film „Yellowstone River" hat z.B. die genreID 1, es ist also ein Abenteuerfilm.

Innerhalb der Tabellen sind die Schlüssel mit den Abkürzungen

- PK (*Primary Key*, Primärschlüssel) und
- FK (*Foreign Key*, Fremdschlüssel)

gekennzeichnet.

> **Ein Fremdschlüssel ist ein Attribut, das einen Wert des Primärschlüssels der zu verknüpfenden Tabelle aufnimmt.**

Transformation einer 1:n-Beziehung

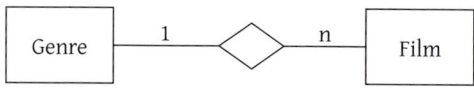

Die 1:n-Beziehung zwischen Genre und Film wird über die zusätzliche Spalte „genreID" hergestellt.

> **Eine 1:n-Beziehung wird über einen Fremdschlüssel hergestellt.**

Transformation einer m : n-Beziehung

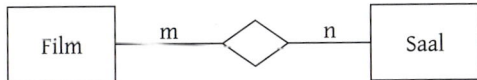

Wie im Entwurf schon festgehalten, besteht eine m:n-Beziehung aus zwei 1:n-Beziehungen. Um die m:n-Beziehung zwischen Film und Saal aufzulösen, wird eine weitere Tabelle „vorfuehrung" hinzugefügt.

Tabelle „film"

filmID (PK)	...	...	...	genreID (FK)
42				1
43				2
44				3
45				1
46				2

Tabelle „vorfuehrung"

vorfuehrungs-ID (PK)	filmID (FK)	saalnr (FK)	termin
130	43	6	2020-02-21 15:00:00
131	43	6	2020-02-22 15:00:00
132	43	6	2020-02-23 15:00:00
133	44	3	2020-02-21 18:00:00
134	44	3	2020-02-22 18:00:00
135	44	3	2020-02-23 18:00:00
136	42	1	2020-02-21 20:00:00
137	42	1	2020-02-22 20:00:00
138	42	1	2020-02-23 20:00:00

Tabelle „saal"

saalnr (PK)	etage
1	1
2	1
3	1
4	2
5	2
6	2

> **Bei einer m : n-Beziehung wird eine zusätzliche Zwischentabelle angelegt, die über Fremdschlüssel die beiden Entitätsmengen in Beziehung setzt.**

Transformation einer 1 : 1-Beziehung

Die 1:1-Beziehung wird aufgelöst, indem die Tabelle „besucher" den Primärschlüssel filmID als verbindende Spalte erhält. Diese Spalte ist zugleich Fremd- und Primärschlüssel (PFK: *Primary and Foreign Key*).

```
┌─────────┐   1        ◇       1   ┌──────────┐
│  Film   │───────◇     ◇─────────│ Besucher │
└─────────┘        ◇───◇          └──────────┘
```

Tabelle „film"

Tabelle „besucher"

filmID (PK)	titel	film-laenge	erschei-nungsjahr	genreID (FK)
42	Yellowstone River	135	2020	1
43	Vor langer Zeit	90	2019	2
44	Geheimnis des Äquators	90	2020	3
45	Das weite Tal	150	2019	1
46	Der kleine Straßenhund	75	2019	2

filmID (PFK)	anzahl
42	1 012
43	670
44	275
45	521
46	186

> **Eine 1:1-Beziehung kann in das relationale Datenmodell transformiert werden, indem der Primärschlüssel einer der beiden Tabellen Fremdschlüssel und zugleich auch Primärschlüssel der anderen Tabelle wird.**

Referenzielle Integrität

Die Beziehungen zwischen den Tabellen wurden mittels Fremdschlüsseln gesetzt. Das hat zur Folge, dass beim Einfügen, Ändern oder Löschen von Datensätzen verknüpfte Tabellen ebenfalls betroffen sein können.

> **Die referenzielle Integrität stellt sicher, dass die Datensätze in den Tabellen zueinander passen.**

Referenziell ist ein anderer Ausdruck für „in Beziehung stehend" und Integrität bedeutet, dass die Beziehungen „unversehrt" sind.

In der Tabelle „film" sind z. B. nur Werte für die genreID erlaubt, die in der Tabelle „genre" vorzufinden sind. Der Film „Yellowstone River" gehört zur genreID 1, es ist also ein Abenteuerfilm. Es kann hingegen kein neuer Film mit der genreID 4 als Fremdschlüssel eingefügt werden, denn dieses Genre existiert (noch) nicht.

Vorteile der referenziellen Integrität sind:

- Durch die referenzielle Integrität werden Fehler bei der Datenspeicherung verhindert. Die Daten werden konsistent, d. h. widerspruchsfrei abgespeichert.
- Alle Anwendungen, die auf ein und dieselbe Datenbank zugreifen, können auf der referenziellen Integrität aufbauen. Es muss nicht in jeder einzelnen Anwendung für die Konsistenz der Daten gesorgt werden.

5.7   Aufgaben

1   Zu welchem Zweck werden in relationalen Datenbanken
a) Primärschlüssel und
b) Fremdschlüssel
gesetzt?

2   a) Erklären Sie den Begriff „referenzielle Integrität".
b) Welche Vorteile bietet der Einsatz der referenziellen Integrität?

3   Ein Sportverein möchte die Meisterschaft in einer Datenbank organisieren. Erstellen
Sie ein Entity-Relationship-Modell und ein relationales Datenmodell.
Zu jeder Mannschaft wird der Mannschaftsname und der Ort abgespeichert. Die Datenbank nimmt für jeden Spieler den Namen, den Verein und das Geburtsdatum auf.
Ehemalige Vereine eines Spielers sind nicht aufzunehmen.
Festgehalten wird, welche Spiele an welchem Spieltag stattgefunden haben. Ein Spiel
findet zwischen Heim- und Gastmannschaft statt. Die Zuschauerzahl und das Endresul-
tat werden notiert. In die Statistik wird zusätzlich noch aufgenommen, welche Spieler
an den Spielen teilgenommen haben, wie viele Tore sie geschossen haben und ob sie
eine Karte (gelb, rot oder gelb-rot) bekommen haben.

4   Die Rechnungen einer Online-Apotheke sollen in einer Datenbank gespeichert werden.
Ihr Auftrag ist der Entwurf eines relationalen Datenmodells anhand der unten abgebil-
deten Rechnung (die Pharmazentralnummer PZN ist ein siebenstelliger Identifika-
tionsschlüssel für Arzneimittel).
a) Bestimmen Sie die notwendigen Tabellen.
b) Ordnen Sie die Attribute aus der Rechnung diesen Tabellen zu.
c) Setzen Sie für Ihre Tabellen Primär- und Fremdschlüssel.

ONLINE-APOTHEKE

ONLINE-APOTHEKE, Apothekenplatz 26, 57831 Südstadt

Frau Daniela Mustermann
Musterweg 3
57831 Südstadt

Rechnungsdatum: 14.01.2020
Rechnungsnummer: 3050
Kundennummer: 449

Sehr geehrte Frau Mustermann,

für unsere Lieferung berechnen wir nachfolgend

Position	Menge	Artikel	PZN	Einzelpreis	Gesamtpreis
1	3	Handcreme	5674321	4,50 EUR	13,50 EUR
2	1	Kopfschmerztabletten	1234987	7,49 EUR	7,49 EUR
				Versandkosten	3,00 EUR
				Zwischensumme	23,99 EUR
				USt. 19 %	4,56 EUR
				Rechnungsbetrag	28,55 EUR

Bei Zahlung bitte Rechnungsnummer angeben.

Apothekerbank, IBAN DE23100000009876543210, BIC DEFABCXY345
Steuer-Nr. 123 456 789, Ust-IDNr. DE 654 321 50

5 In einem Baumarkt werden verschiedene Werkzeuge verkauft.

WerkzeugNr	Bezeichnung	Preis
1	Bohrmaschine	149,00
2	Stichsäge	59,00
3	Bandschleifer	59,00

Ordnen Sie die Begriffe des Entity-Relationship Modells „Entität", „Attribut" und „Wert" dem relationalen Datenmodell zu.

6 Eine Hotelkette verwaltet die Buchung ihrer Zimmer in einer Datenbank. Aufgenommen werden sollen mindestens:
• die einzelnen Hotels (Name, Adresse, ...)
• die Zimmernummer und der Preis
• Kategorie (Einzelzimmer, Doppelzimmer, Suite, ...)
• Personendaten des Gastes (Vorname, Name, Anschrift, ...)
• Buchungen (von ... bis ...)
• Ankunfts- und Abreisedatum

Erstellen Sie ein Entity-Relationship-Modell und ein relationales Datenmodell.

6 Datenbankmanagement mit MySQL

6.1 Sprachelemente von MySQL

Realwelt	Entity-Relationship-Modell	Relationales Datenmodell	Relationales Datenbanksystem

Das relationale Datenmodell für das Projekt „Kinocenter" liegt vor. Im letzten Schritt erfolgt die Umsetzung in das relationale Datenbanksystem MySQL.

MySQL speichert Daten in Tabellen. Eine Tabelle ist über Attribute organisiert. Jeder Datensatz wird eindeutig durch einen Primärschlüssel gekennzeichnet. Sollen mehrere Tabellen miteinander verknüpft werden, kommen Fremdschlüssel zum Einsatz.

Mit der Datenbanksprache SQL (Abk. für **S**trucutured **Q**uery **L**anguage, Strukturierte Abfrage-Sprache) kann eine solche Datenbankstruktur eingerichtet werden. Datensätze lassen sich in die Tabellen einfügen und abfragen.

> SQL ist eine standardisierte Datenbanksprache zur Definition von Datenbanken und zum Zugriff auf Daten.

Die Standardisierung ermöglicht die Kompatibilität zwischen unterschiedlichen Herstellern. Voraussetzung ist, dass nur die im Standard definierte Syntax verwendet wird. MySQL verfügt über einige Erweiterungen (Stringvergleiche, reguläre Ausdrücke, Datumsarithmetik), die Sie in anderen SQL-Datenbanken nicht oder nur in anderer Syntax finden werden. Wenn eine Anwendung mit dem Standard kompatibel bleiben soll, ist eine Verwendung dieser Sprachelemente zu überprüfen.

SQL-Befehle werden in drei Gruppen unterteilt:

- **D**ata **C**ontrol **L**anguage (DCL)
- **D**ata **D**efinition **L**anguage (DDL)
- **D**ata **M**anipulation **L**anguage (DML)

Mit der Data Control Language werden Datenbanken angelegt und gelöscht sowie Zugriffsberechtigungen auf Datenbanken geregelt:

- CREATE DATABASE (Datenbank anlegen)
- DROP DATABASE (Datenbank löschen)

- GRANT (Zugriffsrechte vergeben)
- REVOKE (Zugriffsrechte entziehen)

Die Struktur der Datenbank richten Sie mit der Datendefinitionssprache DDL ein. DDL umfasst die SQL-Befehle zum Erstellen, Verändern und Löschen der Datenbankstruktur:

- CREATE TABLE (Tabelle erzeugen)
- DROP TABLE (Tabelle löschen)
- ALTER TABLE (Tabelle ändern)
- CREATE INDEX (Index anlegen)

Um Daten abzufragen, zu löschen, einzufügen oder zu ändern, setzen Sie die Data Manipulation Language ein:

- SELECT (Daten abfragen)
- DELETE (Daten löschen)
- INSERT (Daten einfügen)
- UPDATE (Daten ändern)

Anwendungsschnittstelle

Auf die Anwendungsschnittstelle des MySQL-Servers kann von anderen Programmen oder direkt von Benutzern zugegriffen werden. Viele Programmiersprachen verfügen über eine Funktionsbibliothek zum Zugriff auf die Anwendungsschnittstelle von MySQL. Die Funktionen können in PHP-Skripten eingesetzt werden, um Verbindungen zu MySQL aufzubauen, Anfragen abzuschicken und um die Serverantworten auszuwerten.

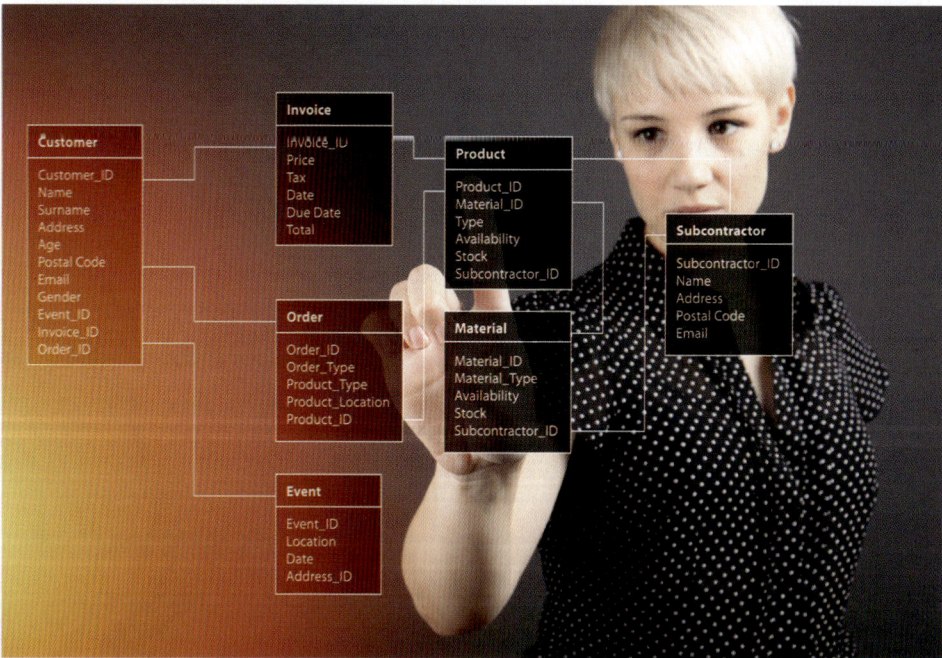

In diesem Kapitel werden Sie mittels MySQL-Clients als Benutzer auf die Anwendungs-schnittstelle des MySQL-Servers zugreifen. Dabei werden Sie drei verschiedene Rollen ein-nehmen:

- Datenbankentwickler
- Datenbankadministrator
- Datenbankbenutzer

Der Datenbankentwickler definiert die Datenbankstruktur. Er nutzt die SQL-Sprach-elemente DCL und DDL, um Datenbanken und Tabellen anzulegen. Der Datenbankadminis-trator pflegt und wartet die Datenbank mittels der DCL, der DDL und der DML. In seinen Aufgabenbereich gehören die Vergabe von Zugriffsberechtigungen, die Datensicherung, das Einspielen von Daten und das Löschen veralteter Datenbestände. Je nach zugewiesener Zugriffsberechtigung kann der Datenbankbenutzer mittels der DML Daten lesen, einfügen oder löschen.

6.2 MySQL-Clients

MySQL benutzt eine Client-Server-Architektur. MySQL-Clients sind Programme, die sich über ein Netzwerk oder vom lokalen Rechner aus mit dem Datenbankserver verbinden. Beliebig viele Clients können auf den MySQL-Server zugreifen.

Je nach Aufgabenstellung werden unterschiedliche MySQL-Clients eingesetzt:

- **mysql:** Von der MySQL-Konsole mysql aus kann der Benutzer Anfragen an den Server schicken und sich die Serverantworten ansehen (die Kleinschreibung unterscheidet das Programm mysql vom Datenbanksystem MySQL).
- **mysqldump:** Zur Datensicherung wird der Client mysqldump genutzt.
- **mysqladmin:** Für administrative Aufgaben kann mysqladmin eingesetzt werden.

MySQL liefert standardmäßig noch einige andere Clients. Im nächsten Abschnitt werden die MySQL-Clients mysql, mysqladmin und mysqldump vorgestellt. Für alle drei Program-me können beim Programmaufruf Verbindungsparameter als Optionen angegeben werden:

- -h   **h**ost, zu verbindender Rechner, z. B. server.example.com oder „localhost"
- -u   **u**ser, MySQL-Benutzer
- -p   **p**assword, Passwort des Benutzers

mysql

Das Programm mysql soll gestartet und mit dem MySQL-Server verbunden werden. Die Verbindungsparameter „localhost" (Rechner), „root" (Benutzer) und „geheim" (Passwort) werden beim Aufruf angegeben:

```
$> mysql -hlocalhost -uroot -pgeheim
```

Es erscheint eine kurze Willkommensmeldung mit Versionsinformation und dem Prompt mysql> am Ende (Abbildung 6.1).

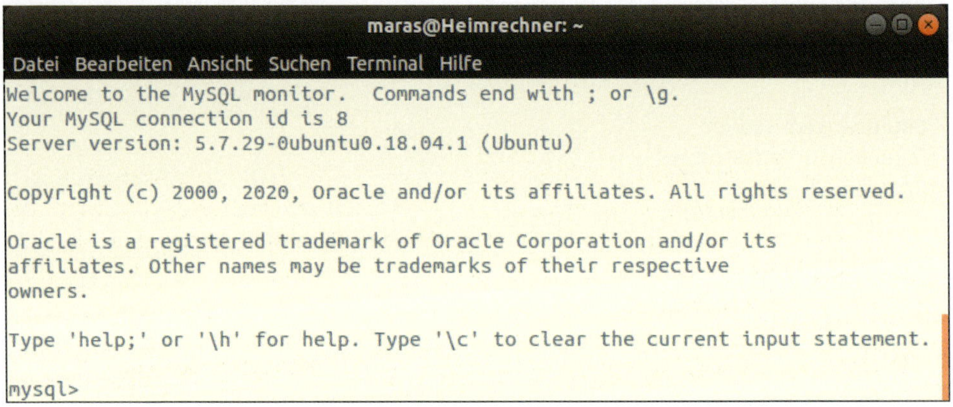

```
                              maras@Heimrechner: ~                        ⊖ ⊡ ⊗
 Datei  Bearbeiten  Ansicht  Suchen  Terminal  Hilfe
Welcome to the MySQL monitor.   Commands end with ; or \g.
Your MySQL connection id is 8
Server version: 5.7.29-0ubuntu0.18.04.1 (Ubuntu)

Copyright (c) 2000, 2020, Oracle and/or its affiliates. All rights reserved.

Oracle is a registered trademark of Oracle Corporation and/or its
affiliates. Other names may be trademarks of their respective
owners.

Type 'help;' or '\h' for help. Type '\c' to clear the current input statement.

mysql>
```

Abb. 6.1: mysql-Konsole

Sie sind von der Betriebssystemebene zu mysql gewechselt. Sie können jetzt SQL-Befehle in die Kommandozeile eingeben. Die im weiteren Verlauf des Kapitels besprochenen Befehle werden hauptsächlich mit diesem Programm abgesetzt. Geben Sie SHOW DATABASES; ein, um sich alle auf dem MySQL-Server liegenden Datenbanken ausgeben zu lassen:

```
mysql> SHOW DATABASES;
```

```
+--------------------+
| Database           |
+--------------------+
| information_schema |
| mysql              |
| performance_schema |
| sys                |
+--------------------+

4 rows in set (0.00 sec)
```

Mit dem Befehl quit kann man die MySQL-Konsole verlassen und zur Betriebssystemebene zurückkehren.

Sie können mysql auch im Batch-Modus einsetzen: Mehrere SQL-Befehle werden in einer Datei abgespeichert. Beim Aufruf von mysql wird die Datei übergeben:

```
$> mysql -hlocalhost -uroot -pgeheim kino < kino.sql
```

Alle in der Datei „kino.sql" hinterlegten SQL-Befehle werden von mysql eingelesen und der Reihe nach für die Datenbank „kino" ausgeführt. Genutzt wird der Batch-Modus, um mit mysqldump gesicherte Datenbanken wiederherzustellen (siehe weiter unten).

> **In der Konsole mysql können SQL-Befehle abgesetzt werden. Im Batch-Modus können Datenbanksicherungen wieder eingespielt werden.**

mysqladmin

Das Programm mysqladmin lässt sich zur Administration des MySQL-Servers einsetzen. Bei der Konfiguration von MySQL haben Sie mysqladmin schon genutzt, um das Passwort „geheim" für den MySQL-Benutzer „root" zu setzen. Mit dem Programm können Datenbanken angelegt und gelöscht, der MySQL-Server heruntergefahren und andere administrative Aufgaben erledigt werden.

Das folgende Beispiel zeigt den Aufruf zum Herunterfahren des MySQL-Servers:

```
$> mysqladmin -hlocalhost -uroot -pgeheim shutdown
```

mysqldump

Eine Datenbanksicherung (engl. *dump*, Depot) kann mit dem Client mysqldump erstellt werden. Sie können eine oder mehrere Datenbanken in einer Textdatei sichern.

Dies kann für folgende Zwecke eingesetzt werden:

- Einen *dump* einer Datenbank anfertigen und nach einem Crash zurückschreiben.
- Eine Datenbank als *dump* exportieren und in ein anderes Datenbanksystem importieren.

Der Befehl zur Sicherung der Datenbank „kino" in die Datei „kino.sql" lautet:

```
$> mysqldump -hlocalhost -uroot -pgeheim kino > kino.sql
```

Beim Abbilden der Datenbank „kino" in die Datei „kino.sql" werden SQL-Befehle erzeugt, die beim Ausführen wieder die Tabellen anlegen (CREATE TABLE) und die Daten einfügen (INSERT INTO).

Ein Auszug aus der Datei „kino.sql" sieht wie folgt aus:

```
-- MySQL dump 10.13 Distrib 5.7.29, for Linux (x86_64)
--
-- Host: localhost Database: kino
-- ---------------------------------------------------
. . .


--
-- Table structure for table 'film'
--

DROP TABLE IF EXISTS 'film';
/*!40101 SET @saved_cs_client = @@character_set_client */;
```

```
/*!40101 SET character_set_client = utf8 */;
CREATE TABLE 'film' (
 'filmID' int(11) NOT NULL AUTO_INCREMENT,
 'titel' char(50) DEFAULT NULL,
 'filmlaenge' int(11) DEFAULT NULL,
 'erscheinungsjahr' int(11) DEFAULT NULL,
 'genreID' int(11) NOT NULL,
 PRIMARY KEY ('filmID'),
 KEY 'IX_gehoert_zu' ('genreID'),
 CONSTRAINT 'film_ibfk_1' FOREIGN KEY ('genreID') REFERENCES 'genre'
('genreID') ON DELETE CASCADE ON UPDATE CASCADE
) ENGINE=InnoDB AUTO_INCREMENT=47 DEFAULT CHARSET=latin1;
/*!40101 SET character_set_client = @saved_cs_client */;


--
-- Dumping data for table 'film'
--


LOCK TABLES 'film' WRITE;
/*!40000 ALTER TABLE 'film' DISABLE KEYS */;
INSERT INTO 'film' VALUES (42,'Yellowstone
River',135,2020,1),(43,'Vor langer Zeit',90,2019,2),(44,'Geheimnis
des Äquators',90,2020,3),(45,'Das weite Tal',150,2019,1),(46,'Der
kleine Straßenhund',75,2019,2);
/*!40000 ALTER TABLE 'film' ENABLE KEYS */;
UNLOCK TABLES;
```

6.3   Aufgaben

1   a) Was versteht man unter einem *dump*?
     b) Für welche Zwecke kann bei MySQL ein *dump* einer Datenbank genutzt werden?

2   a) Erstellen Sie einen *dump* zu einer auf dem System befindlichen Datenbank. Setzen Sie dazu das Programm mysqldump ein.
     b) Öffnen Sie den in a) angefertigten *dump* mit einem beliebigen Texteditor. Welche SQL-Befehle befinden sich im *dump*?
     c) Tauschen Sie mit Ihrem Nachbarn den *dump* aus und spielen Sie dessen *dump* auf Ihrem System ein. Setzen Sie dazu die Konsole mysql ein.

6.4   Eine Datenbankstruktur definieren

Auftrag

Das relationale Datenmodell zum Projekt „Kinocenter" soll in das relationale Datenbanksystem MySQL abgebildet werden.

Relationales Datenmodell zum Projekt „Kinocenter"

Tabelle „genre"

genreID (PK)	bezeichnung
1	Abenteuer
2	Zeichentrick
3	Drama

Tabelle „film"

filmID (PK)	titel	film-laenge	erschei-nungs-jahr	genreID (FK)
42	Yellowstone River	135	2020	1
43	Vor langer Zeit	90	2019	2
44	Geheimnis des Äquators	90	2020	3
45	Das weite Tal	150	2019	1
46	Der kleine Straßenhund	75	2019	2

Tabelle „vorfuehrung"

vorfuehrungsID (PK)	filmID (FK)	saalnr (FK)	termin
130	43	6	2020-02-21 15:00:00
131	43	6	2020-02-22 15:00:00
132	43	6	2020-02-23 15:00:00
133	44	3	2020-02-21 18:00:00
134	44	3	2020-02-22 18:00:00
135	44	3	2020-02-23 18:00:00
136	42	1	2020-02-21 20:00:00
137	42	1	2020-02-22 20:00:00
138	42	1	2020-02-23 20:00:00

Tabelle „saal"

saalnr (PK)	etage	sitzplaetze
1	1	320
2	1	90
3	1	112
4	2	180
5	2	180
6	2	84

Tabelle „besucher"

filmID (PFK)	anzahl
42	1 012
43	670
44	275
45	521
46	186

Die Tabellen sollen innerhalb der Datenbank „kino" angelegt werden. Zunächst wird die Datenbank erzeugt, dann werden alle vorhandenen Datenbanken angezeigt und mit dem dritten Befehl wird die Datenbank „kino" ausgewählt:

```
mysql> CREATE DATABASE kino;
```

```
Query OK, 1 row affected (0.00 sec)
```

```
mysql> SHOW DATABASES;
```

```
+--------------------+
| Database           |
+--------------------+
| information_schema |
| kino               |
| mysql              |
| performance_schema |
| sys                |
+--------------------+
5 rows in set (0.02 sec)
```

```
mysql> USE kino;
```

```
Database changed
```

> **Jeder in mysql eingegebene Befehl ist mit einem Semikolon abzuschließen. Erst dann kann der Befehl abgeschickt werden.**

Nach den Schlüsselwörtern CREATE DATABASE ist der Name der zu erzeugenden Datenbank anzugeben. SHOW DATABASES zeigt alle auf dem MySQL-Server vorhandenen Datenbanken. Da Sie nun für die gerade erstellte Datenbank „kino" Tabellen anlegen werden, müssen Sie diese mit USE auswählen.

CREATE TABLE

CREATE TABLE legt eine Tabelle und deren Struktur fest. Dem Befehl werden folgende Informationen übergeben:

- Tabellenname
- Attribute mit Datentyp und Parameter
- Primär- und Fremdschlüssel

```
mysql>
CREATE TABLE genre(
genreID INT NOT NULL AUTO_INCREMENT,
bezeichnung CHAR(20),
PRIMARY KEY(genreID));
```

```
Query OK, 0 rows affected (0.38 sec)
```

Auf CREATE TABLE folgt der Tabellenname „genre". Innerhalb der Klammern werden die Attribute mit zugeordneten Datentypen aufgelistet. Die folgende Tabelle zeigt eine Zusammenstellung häufig verwendeter Datentypen:

Datentyp	Beschreibung
INT oder INTEGER	Ganze Zahl normaler Größe. Bereich: -2147483648 bis 2147483647. Speicherbedarf: 4 Byte
INT UNSIGNED	Positive ganze Zahl normaler Größe. Bereich: 0 bis 4294967295
TINYINT	Sehr kleine ganze Zahl. Bereich: -128 bis 127
BIGINT	Sehr große ganze Zahl. Bereich: -2^{63} bis 2^{63}
DECIMAL(M,D)	Festkommazahl mit insgesamt M Ziffern, davon D Ziffern nach dem Dezimalpunkt. Bereich: -99999.99 bis 99999.99 Beispiel: DECIMAL(7,2)
CHAR(M)	Zeichenkette fester Länge mit M Zeichen. Bereich: 1 bis 255 Zeichen
CHAR(M) BINARY	Die Groß- und Kleinschreibung wird beim Sortieren und bei Vergleichen berücksichtigt.
VARCHAR(M)	Zeichenkette variabler Länge mit M Zeichen. Bereich: 1 bis 65535 Zeichen. Nur der von einer gespeicherten Zeichenkette benötigte Speicherplatz wird belegt.
VARCHAR(M) BINARY	Die Groß- und Kleinschreibung wird beim Sortieren und bei Vergleichen berücksichtigt.
DATE	Datum im Format YYYY-MM-DD Beispiel: 2020-02-26
DATETIME	Datums-/Zeit-Kombination im Format YYYY-MM-DD HH:MM:SS Beispiel: 2020-02-26 16:10:05
ENUM	Kann nur Werte annehmen, die explizit in einer Liste zulässiger Werte angegeben sind, z.B. die Zeichenketten 'false' und 'true'.

Nach der Auflistung der Attribute wird der Primärschlüssel definiert:

`PRIMARY KEY(genreID)`

Im Falle eines Kombinationsschlüssels werden alle Attribute in der Klammer hinter PRIMARY KEY aufgeführt.

Für den Primärschlüssel bietet sich der Datentyp INT an:

`genreID INT NOT NULL AUTO_INCREMENT`

> **Ein NULL-Wert liegt vor, wenn in einer Spalte eines Datensatzes kein Wert vorhanden ist.**

NULL-Werte zeigen fehlende, unbekannte oder nicht anwendbare Daten an. Jede Spalte kann – unabhängig vom definierten Datentyp – den Wert NULL annehmen, sofern für sie nicht die Regel NOT NULL definiert wurde. Der Wert NULL sollte keinesfalls mit dem INTEGER-Wert 0 oder dem Leerzeichen verwechselt werden.

Sie können MySQL damit beauftragen, ein INTEGER-Attribut beim Einfügen eines neuen Datensatzes automatisch zu erhöhen. Um dies zu erreichen, setzen Sie AUTO_INCREMENT hinter das entsprechende Attribut. Sinnvoll lässt sich AUTO_INCREMENT bei Primärschlüsseln – wie auch in obigem Beispiel – einsetzen.

Geben Sie abschließend noch den unten stehenden Befehl ein, um eine Übersicht der erstellten Tabellenstruktur zu erhalten.

`mysql> DESCRIBE genre;`

```
+-------------+----------+------+-----+---------+----------------+
| Field       | Type     | Null | Key | Default | Extra          |
+-------------+----------+------+-----+---------+----------------+
| genreID     | int(11)  | NO   | PRI | NULL    | auto_increment |
| bezeichnung | char(20) | YES  |     | NULL    |                |
+-------------+----------+------+-----+---------+----------------+
2 rows in set (0.02 sec)
```

6.5   Fremdschlüssel und Indizes

Der Fremdschlüssel genreID verknüpft die Tabelle „film" mit der Tabelle „genre". Die Tabelle „genre", die den referenzierten Primärschlüssel enthält, wird als Vatertabelle bezeichnet. Kindtabelle ist die Tabelle „film". Der folgende Befehl legt die Kindtabelle „film" an und setzt sie mit der Vatertabelle „genre" in Beziehung:

```
mysql>
CREATE TABLE film(
filmID INT NOT NULL AUTO_INCREMENT,
titel CHAR(50),
filmlaenge INT,
erscheinungsjahr INT,
genreID INT NOT NULL,
PRIMARY KEY(filmID),
INDEX IX_gehoert_zu (genreID),
FOREIGN KEY(genreID) REFERENCES genre (genreID));
```

```
Query OK, 0 rows affected (0.38 sec)
```

INDEX

Indizes werden genutzt, um den Zugriff auf Tabelleninhalte zu beschleunigen. Im Beispiel wird für das Attribut genreID ein Index mit dem Namen „IX_gehoert_zu" erstellt:

```
INDEX IX_gehoert_zu (genreID)
```

Der Index-Name „IX_gehoert_zu" ist in Anlehnung an die Beziehung zwischen beiden Tabellen gewählt: Ein Film gehört zu einem Genre. IX soll auf einen Index hinweisen.

Insbesondere Anfragen, die mehrere Tabellen einbeziehen (sogenannte Joins) profitieren von Indizes. Datensätze werden in Tabellen unsortiert abgelegt. Sucht man nach bestimmten Datensätzen, muss MySQL mit dem ersten Datensatz anfangen und dann die gesamte Tabelle lesen, bis die relevanten Datensätze gefunden sind. Dieses Vorgehen ist bei großen Tabellen ineffizient, besonders dann, wenn nur wenige Datensätze dem Suchkriterium entsprechen.

> **Ein Index legt die Werte eines Attributes sortiert ab.**

Angenommen, Sie wollen alle Filme mit der genreID 2 (Zeichentrickfilme) ermitteln. MySQL beginnt mit dem ersten Datensatz, wird beim zweiten Datensatz fündig, überprüft die nächsten Datensätze und findet zum Schluss noch eine Übereinstimmung für die genreID 2:

Tabelle „film"

filmID (PK)	titel	film-laenge	erscheinungsjahr	genreID (FK)
42	Yellowstone River	135	2020	1
43	Vor langer Zeit	90	2019	2
44	Geheimnis des Äquators	90	2020	3
45	Das weite Tal	150	2019	1
46	Der kleine Straßenhund	75	2019	2

Mit einem Index für das Attribut genreID in der Tabelle „film" beschleunigen Sie die Suche:

Index		filmID (PK)	titel	film-laenge	erschei-nungsjahr	genreID (FK)
1		42	Yellowstone River	135	2020	1
1		43	Vor langer Zeit	90	2019	2
2		44	Geheimnis des Äquators	90	2020	3
2		45	Das weite Tal	150	2019	1
3		46	Der kleine Straßenhund	75	2019	2

Der Index enthält die genreID in sortierter Reihenfolge und verweist auf den zugehörigen Datensatz. Da der Index sortierte Werte enthält, können schnelle Suchalgorithmen eingesetzt werden. Die Tabelle muss nicht Datensatz für Datensatz durchforstet werden; der Suchalgorithmus findet nach wenigen Vergleichen die Indexwerte 2. Das Beispiel zeigt auch, dass Indizes erst bei umfangreichen Tabellen wirklich Sinn machen.

Folgende Spalten sollten indiziert werden:

- Grundsätzlich sollten Spalten, die häufig zur Suche herangezogen werden, indiziert werden.
- Spalten, nach denen Ausgaben sortiert oder gruppiert werden, bieten sich ebenfalls als Index an.
- Fremdschlüssel sollten indiziert werden. Bei Abfragen über mehrere Tabellen sind Fremdschlüssel Teil des Suchkriteriums.
- Spalten, die lediglich zur Anzeige ausgewählt werden, bieten sich nicht als Index an.

Indizes haben auch Nachteile, weswegen nicht einfach alle Spalten indiziert werden. Ein Nachteil ist, dass die Haltung von Indizes Speicherplatz benötigt. Der andere Nachteil ist, dass die Indizes organisiert werden müssen: Beim Einfügen, Löschen oder Ändern von indizierten Spalten sind häufig die Indizes anzupassen.

Des Weiteren gibt es noch den sogenannten unique-Index. Dabei handelt es sich um einen Index, bei dem zusätzlich gewährleistet ist, dass er eindeutig ist. Ein Primärschlüssel ist demnach auch ein unique-Index. Eine Tabelle kann über mehrere unique-Indizes verfügen, aber nur über einen Primärschlüssel. Sie unterscheiden sich darin, dass dem Primärschlüssel die Aufgabe zukommt, jeden Datensatz eindeutig zu kennzeichnen.

FOREIGN KEY

Der Verweis des Index genreID der Kindtabelle auf den Index genreID der Vatertabelle „genre" wird mit dem Zusatz

```
FOREIGN KEY(genreID) REFERENCES genre (genreID)
```

eingerichtet. Hinter den Schlüsselwörtern FOREIGN KEY wird in Klammern der Index der Kindtabelle angegeben. REFERENCES nennt die Vatertabelle und in Klammern den Vater-Index. Die referenzielle Integrität ist eingerichtet: Sie können in der Kindtabelle nur Werte für die genreID verwenden, die in der Vatertabelle wirklich vorhanden sind. Außerdem kann in der Vatertabelle kein Datensatz gelöscht werden, für den noch ein Eintrag in der Kindtabelle vorhanden ist.

Sie können sich die Arbeit mit abhängigen Tabellen weiter erleichtern. Ergänzen Sie die obige Anfrage um zwei Definitionen:

```
mysql>
CREATE TABLE film(
filmID INT NOT NULL AUTO_INCREMENT,
titel CHAR(50),
filmlaenge INT,
erscheinungsjahr INT,
genreID INT NOT NULL,
PRIMARY KEY(filmID),
INDEX IX_gehoert_zu (genreID),
FOREIGN KEY(genreID) REFERENCES genre (genreID)
ON DELETE CASCADE
ON UPDATE CASCADE);
```

```
Query OK, 0 rows affected (0.37 sec)
```

Wird ein Datensatz in der Vatertabelle gelöscht, erzwingt ON DELETE CASCADE, dass zugehörige Datensätze in der Kindtabelle automatisch gelöscht werden. ON UPDATE CASCADE bewirkt, dass alle Einträge in der Kindtabelle automatisch angepasst werden, wenn sich ein Index in der Vatertabelle ändert. Beispiele zu diesem Verhalten werden später gezeigt (siehe Seite 127 und 128).

Folgenden Befehl können Sie einsetzen, um sich die Indizes der Tabelle „anzeige" auflisten zu lassen:

```
mysql> SHOW INDEX FROM film;
```

```
+-------+------------+--------------+-----+-------------+
| Table | Non_unique | Key_name     | ... | Column_name |...
+-------+------------+--------------+-----+-------------+
| film  |          0 | PRIMARY      | ... | filmID      |...
| film  |          1 | IX_gehoert_zu | ... | genreID     |...
+-------+------------+--------------+-----+-------------+
2 rows in set (0.00 sec)
```

Es steht noch aus, die Tabellen „vorfuehrung", „saal" und „besucher" zu erzeugen. Dies geschieht wie folgt:

```
mysql>
CREATE TABLE vorfuehrung(
vorfuehrungsID INT NOT NULL AUTO_INCREMENT,
filmID INT NOT NULL,
saalnr INT NOT NULL,
termin DATETIME,
PRIMARY KEY (vorfuehrungsID),
INDEX IX_zeigt (filmID),
FOREIGN KEY(filmID) REFERENCES film (filmID)
ON DELETE CASCADE
ON UPDATE CASCADE,
INDEX IX_laeuft_in (saalnr),
FOREIGN KEY (saalnr) REFERENCES saal (saalnr)
ON DELETE CASCADE
ON UPDATE CASCADE);
```

```
Query OK, 0 rows affected (0.38 sec)
```

```
mysql>
CREATE TABLE saal(
saalnr INT NOT NULL,
etage INT,
sitzplaetze INT,
PRIMARY KEY(saalnr));
```

```
Query OK, 0 rows affected (0.29 sec)
```

```
mysql>
CREATE TABLE besucher(
filmID INT NOT NULL,
anzahl INT,
PRIMARY KEY(filmID),
FOREIGN KEY(filmID) REFERENCES film (filmID)
ON DELETE CASCADE
ON UPDATE CASCADE);
```

```
Query OK, 0 rows affected (0.28 sec)
```

6.6 Änderungen an der Datenbankstruktur vornehmen

Mit dem Befehl ALTER TABLE können Sie ...

· den Datentyp eines Attributs ändern,
· eine Spalte umbenennen,
· Spalten hinzufügen oder
· Spalten löschen.

> **ALTER TABLE wird eingesetzt, um die Struktur einer Tabelle im Nachhinein zu ändern.**

An einigen Beispielen wird nun der Einsatz von ALTER TABLE gezeigt. Um das Attribut bezeichnung von CHAR(20) nach CHAR(30) zu ändern und gleichzeitig nach name umzubenennen, geben Sie Folgendes ein:

```
mysql> ALTER TABLE genre CHANGE bezeichnung name CHAR(30);
```

```
Query OK, 0 rows affected (0.09 sec)
Records: 0 Duplicates: 0 Warnings: 0
```

```
mysql> DESCRIBE genre;
```

```
+---------+----------+------+-----+---------+----------------+
| Field   | Type     | Null | Key | Default | Extra          |
+---------+----------+------+-----+---------+----------------+
| genreID | int(11)  | NO   | PRI | NULL    | auto_increment |
| name    | char(30) | YES  |     | NULL    |                |
+---------+----------+------+-----+---------+----------------+
2 rows in set (0.00 sec)
```

Jetzt wird der Tabelle „film" ein Attribut namens altersfreigabe hinzugefügt:

```
mysql> ALTER TABLE film ADD altersfreigabe INT;
```

```
Query OK, 0 rows affected (0.64 sec)
Records: 0 Duplicates: 0 Warnings: 0
```

```
mysql> DESCRIBE film;
```

```
+------------------+----------+------+-----+---------+----------------+
| Field            | Type     | Null | Key | Default | Extra          |
+------------------+----------+------+-----+---------+----------------+
| filmID           | int(11)  | NO   | PRI | NULL    | auto_increment |
| titel            | char(50) | YES  |     | NULL    |                |
| filmlaenge       | int(11)  | YES  |     | NULL    |                |
| erscheinungsjahr | int(11)  | YES  |     | NULL    |                |
| genreID          | int(11)  | NO   | MUL | NULL    |                |
| altersfreigabe   | int(11)  | YES  |     | NULL    |                |
+------------------+----------+------+-----+---------+----------------+
6 rows in set (0.00 sec)
```

Die Anweisung zum Löschen des Attributs altersfreigabe lautet:

```
mysql> ALTER TABLE film DROP COLUMN altersfreigabe;
```

```
Query OK, 0 rows affected (0.61 sec)
Records: 0 Duplicates: 0 Warnings: 0
```

CREATE INDEX

CREATE INDEX indiziert ein bestehendes Attribut. Um die Suche nach dem Titel eines Films zu beschleunigen, soll ein Index für das Attribut titel mit der Bezeichnung IX_titel angelegt werden:

```
mysql> CREATE INDEX IX_titel ON film(titel);
```

```
Query OK, 0 rows affected (0.28 sec)
Records: 0 Duplicates: 0 Warnings: 0
```

```
mysql> SHOW INDEX FROM film;
```

```
+-------+------------+---------------+-----+-------------+
| Table | Non_unique | Key_name      | ... | Column_name |...
+-------+------------+---------------+-----+-------------+
| film  |          0 | PRIMARY       | ... | filmID      |...
| film  |          1 | IX_gehoert_zu | ... | genreID     |...
| film  |          1 | IX_titel      | ... | titel       |...
+-------+------------+---------------+-----+-------------+
3 rows in set (0.00 sec)
```

DROP INDEX

Der Befehl DROP INDEX löscht einen bereits vorhandenen Index:

```
mysql> DROP INDEX IX_titel ON film;
```

```
Query OK, 0 rows affected (0.19 sec)
Records: 0  Duplicates: 0  Warnings: 0
```

```
mysql> SHOW INDEX FROM film;
```

```
+-------+------------+---------------+-----+-------------+
| Table | Non_unique | Key_name      | ... | Column_name |...
+-------+------------+---------------+-----+-------------+
| film  |          0 | PRIMARY       | ... | filmID      |...
| film  |          1 | IX_gehoert_zu | ... | genreID     |...
+-------+------------+---------------+-----+-------------+
2 rows in set (0.00 sec)
```

DROP TABLE

DROP TABLE löscht Tabellen aus einer Datenbank. Alle gespeicherten Daten gehen verloren. Das folgende Beispiel löscht die Tabelle „besucher" aus der Datenbank:

```
mysql> DROP TABLE besucher;
```

```
Query OK, 0 rows affected (0.08 sec)
```

```
mysql> SHOW TABLES;
```

```
+----------------+
| Tables_in_kino |
+----------------+
| film           |
| genre          |
| saal           |
| vorfuehrung    |
+----------------+
4 rows in set (0.00 sec)
```

DROP DATABASE

Eine Datenbank inklusive Tabellen und Daten wird mit dem Befehl DROP DATABASE unwiderruflich gelöscht:

```
mysql> DROP DATABASE kino;
```

```
Query OK, 0 rows affected (0.33 sec)
```

```
mysql> SHOW DATABASES;
```

```
+--------------------+
| Database           |
+--------------------+
| information_schema |
| mysql              |
| performance_schema |
| sys                |
+--------------------+
4 rows in set (0.00 sec)
```

6.7   Zugriffsrechte gewähren und widerrufen

Auftrag

Ein Kinomitarbeiter wird mit der Pflege des Filmprogramms beauftragt. Für diesen Zweck sollen Sie einen neuen MySQL-Benutzer „redakteur" anlegen und ihm die benötigten Rechte zuweisen.

Bisher haben Sie immer als Benutzer „root" auf den Datenbankserver zugegriffen. Wenn sich verschiedene Benutzer den MySQL-Server teilen wollen, können Sie den Benutzern flexibel Zugriffsrechte auf die Datenbanken, Tabellen und sogar Spalten zuweisen.

Das System speichert alle Zugriffsberechtigungen und Benutzer in der System-Datenbank „mysql":

```
mysql> SHOW DATABASES;
```

```
+--------------------+
| Database           |
+--------------------+
| information_schema |
| kino               |
| mysql              |
| performance_schema |
| sys                |
+--------------------+
5 rows in set (0.00 sec)
```

GRANT

Der MySQL-Benutzer „redakteur" wird mit dem Passwort „redpass" angelegt:

```
mysql> CREATE USER 'redakteur'@'localhost' IDENTIFIED BY 'redpass';
```

```
Query OK, 0 rows affected (0.00 sec)
```

Das Passwort „redpass" wird mit IDENTIFIED BY gesetzt.

Der anschließende GRANT-Befehl erteilt dem neu angelegten Benutzer „redakteur" die Berechtigungen Lesen (SELECT), Ändern (UPDATE) und Löschen (DELETE) für die Tabelle „film":

```
mysql> GRANT SELECT,UPDATE,DELETE ON kino.film TO
'redakteur'@'localhost';
```

```
Query OK, 0 rows affected (0.00 sec)
```

Sie können für die Auswahl der Tabellen auch den Platzhalter * verwenden. Die Passage ON kino.* setzt beispielsweise Berechtigungen für alle Tabellen der Datenbank „kino".

Der Parameter TO des GRANT-Befehls gibt den Anmeldenamen und, durch @ getrennt, den Rechner an, von dem aus sich der Benutzer anmelden darf.

Mit dem Zeichen % kann der Zugriff auf eine Domain beschränkt werden:

```
,redakteur'@'%.example.com'
```

Diese Berechtigung gestattet den Zugang zum Datenbankserver der Domain example.com. Die erteilten Berechtigungen können Sie mit dem Befehl SHOW GRANTS FOR überprüfen:

```
mysql> SHOW GRANTS FOR redakteur@localhost;
```

```
+---------------------------------------------------------------------------+
| Grants for redakteur@localhost |
+---------------------------------------------------------------------------+
| GRANT USAGE ON *.* TO 'redakteur'@'localhost'                             |
| GRANT SELECT, UPDATE, DELETE ON 'kino'.'film' TO 'redakteur'@'localhost' |
+---------------------------------------------------------------------------+
2 rows in set (0.00 sec)
```

Zwei Ergebniszeilen werden ausgegeben: GRANT USAGE erlaubt einem Benutzer lediglich, sich anzumelden. Das Passwort wurde verschlüsselt abgespeichert. GRANT SELECT, UPDATE, DELETE spezifiziert die Berechtigungen für die Tabelle „film".

Jetzt können Sie sich als „redakteur" am mysql-Client anmelden und mit einem INSERT-Befehl versuchen, einen Datensatz in die Tabelle „film" einzufügen (der INSERT-Befehl wird in Kapitel 6.9 eingehend besprochen):

```
$> mysql -uredakteur -predpass
```

```
mysql: [Warning] Using a password on the command line inter-
face can be insecure.
Welcome to the MySQL monitor...
```

```
mysql> USE kino;
```

```
Database changed
```

```
mysql>
INSERT INTO film(titel,filmlaenge,erscheinungsjahr,genreID)
VALUES ('2 Engel als Agenten',90,2020,3);
```

```
ERROR 1142 (42000): INSERT command denied to user
'redakteur'@'localhost' for table 'film'
```

Die Fehlermeldung zeigt an, dass es dem Benutzer „redakteur" nicht gestattet ist, den INSERT-Befehl auf die Tabelle „film" anzuwenden. Diese Berechtigung wurde oben nicht erteilt.

Wenn Sie dem Benutzer „redakteur" alle Rechte für die Datenbank „kino" zuweisen wollen, können Sie GRANT ALL ON setzen:

```
mysql> GRANT ALL ON kino.* TO 'redakteur'@'localhost';
```

```
Query OK, 0 rows affected (0.00 sec)
```

REVOKE

REVOKE widerruft erteilte Berechtigungen. Der folgende Befehl zeigt, wie Sie dem Benutzer „redakteur" das Recht UPDATE wieder entziehen:

```
mysql> REVOKE UPDATE ON kino.film FROM 'redakteur'@'localhost';
```

```
Query OK, 0 rows affected (0.00 sec)
```

> Der Befehl **GRANT** gewährt und der Befehl **REVOKE** widerruft Rechte.

6.8   Aufgaben

1 Die Tabellen „bestellung" und „kunde" sollen in einem relationalen Datenbanksystem abgebildet werden. Die Tabellen sollen folgende Spalten enthalten:

Tabelle „bestellung":   Tabelle „kunde":
- bestellnr (PK)   - kundennr (PK)
- datum   - name
- kundennr (FK)

a) Erstellen Sie die Tabellen „bestellung" und „kunde" (ohne FOREIGN-KEY-Verweis).
b) Lassen Sie sich den Aufbau der Tabellen ausgeben.
c) Erweitern Sie die Tabelle „kunden" um das Attribut vorname.

d) Legen Sie in der Tabelle „bestellung" einen Index auf die Spalte „kundennr".
e) Alle Indizes der Tabelle „bestellung" sollen ausgegeben werden.
f) Sichern Sie die Datenbank unter dem Namen „shop".

2 In einem Anzeigenmarkt können Inserenten Anzeigen aufgeben und einer Rubrik zuordnen. Dazu sind folgende Tabellen mit folgenden Spalten notwendig:

Tabelle „anzeige":
- anzeigennr (PK)
- rubriknr (FK)
- inserentennr (FK)
- anzeigentext
- anzeigendatum

Tabelle „inserent":
- inserentennr (PK)
- vorname
- name

Tabelle „rubrik":
- rubriknr (PK)
- bezeichnung

a) Legen Sie für jede Tabelle die Indizes fest. Begründen Sie Ihre Wahl der Indizes.
b) Legen Sie die drei Tabellen an. Indizes und referenzielle Integrität sind einzurichten. Für die referenzielle Integrität soll gelten: ON DELETE CASCADE.
c) Lassen Sie sich alle Tabellen auflisten.
d) Geben Sie den Befehl an, der alle Indizes der Tabelle ausgibt.
e) Sichern Sie die Datenbank unter dem Namen „anzeigenmarkt".

6.9   Daten einfügen

Auftrag

Das aktuelle Filmprogramm des Kinocenters soll in die MySQL-Datenbank „kino" geschrieben werden.

Zunächst sollen die Kinosäle in die Datenbank eingetragen werden:

Tabelle „saal"

saalnr (PK)	etage	sitzplaetze
1	1	320
2	1	90
3	1	112
4	2	180
5	2	180
6	2	84

Die Anweisung zum Einfügen der sechs Datensätze in die Tabelle „saal" lautet:

```
mysql>
INSERT INTO saal (saalnr,etage,sitzplaetze)
VALUES (1,1,320),
(2,1,90),
(3,1,112),
(4,2,180),
(5,2,180),
(6,2,84);
```

```
Query OK, 6 rows affected (0.04 sec)
Records: 6 Duplicates: 0 Warnings: 0
```

Den Schlüsselwörtern INSERT INTO folgt der Tabellenname. In der anschließenden Auflistung werden die Spalten genannt, denen die hinter VALUES aufgelisteten Werte in der angegebenen Reihenfolge zugeordnet werden sollen.

Die Spaltenbezeichnungen (saalnr,etage,sitzplaetze) könnten hier auch weggelassen werden, da alle Spalten mit Werten belegt werden. Wenn Sie nur einen Teil der Spalten mit Werten füllen wollen, sind die Spaltennamen anzugeben.

Als Nächstes werden die Genres in die Datenbank geschrieben:

Tabelle „genre"

genreID (PK)	bezeichnung
1	Abenteuer
2	Zeichentrick
3	Drama

```
mysql>
INSERT INTO genre (bezeichnung)
VALUES ('Abenteuer'),
       ('Zeichentrick'),
       ('Drama');
```

```
Query OK, 3 rows affected (0.06 sec)
Records: 3 Duplicates: 0 Warnings: 0
```

Die Tabellenspalte „genreID" wurde nicht mit Werten versehen, da die Spalte als AUTO_INCREMENT angelegt wurde – die Werte werden also automatisch vergeben und erhöht.

Zeichenketten sind in Hochkommas anzugeben:

```
'Abenteuer'
```

Die Befehle für das Einfügen der Daten in die restlichen Tabellen lauten:

```
mysql>
INSERT INTO film (filmID,titel,filmlaenge,erscheinungsjahr,genreID)
VALUES (42,'Yellowstone River',135,2020,1),
       (43,'Vor langer Zeit',90,2019,2),
       (44,'Geheimnis des Äquators',90,2020,3),
       (45,'Das weite Tal',150,2019,1),
       (46,'Der kleine Straßenhund',75,2019,2);
```

```
Query OK, 5 rows affected (0.04 sec)
Records: 5 Duplicates: 0 Warnings: 0
```

```
mysql>
INSERT INTO besucher (filmID,anzahl)
VALUES (42,1012),
       (43,670),
       (44,275),
       (45,521),
       (46,186);
```

```
Query OK, 5 rows affected (0.05 sec)
Records: 5 Duplicates: 0 Warnings: 0
```

```
mysql>
INSERT INTO vorfuehrung (vorfuehrungsID,filmID,saalnr,termin)
VALUES (130,43,6,'2020-02-21 15:00:00'),
       (131,43,6,'2020-02-22 15:00:00'),
       (132,43,6,'2020-02-23 15:00:00'),
       (133,44,3,'2020-02-21 18:00:00'),
       (134,44,3,'2020-02-22 18:00:00'),
       (135,44,3,'2020-02-23 18:00:00'),
       (136,42,1,'2020-02-21 20:00:00'),
       (137,42,1,'2020-02-22 20:00:00'),
       (138,42,1,'2020-02-23 20:00:00');
```

```
Query OK, 9 rows affected (0.14 sec)
Records: 9 Duplicates: 0 Warnings: 0
```

Achten Sie beim Einfügen auf die eingerichtete referenzielle Integrität. Sie können in die Kindtabelle keine Daten einfügen, die nicht in der Vatertabelle vorhanden sind. Die folgende Fehlermeldung weist auf eine Verletzung der referenziellen Integrität hin:

```
mysql>
INSERT INTO film (titel,filmlaenge,erscheinungsjahr,genreID)
VALUES ('2 Engel als Agenten',90,2020,4);
```

```
ERROR 1452 (23000): Cannot add or update a child row:
a foreign key constraint fails ('kino'.'film', CONSTRAINT
'film_ibfk_1' FOREIGN KEY ('genreID') REFERENCES 'genre'
('genreID') ON DELETE CASCADE ON UPDATE CASCADE)
```

Die genreID mit dem Wert 4 kann nicht in der Tabelle „film" verwendet werden, da das Genre zunächst in der Tabelle „genre" anzulegen ist.

6.10 Daten abfragen

Auftrag

Aus den Tabellen der Datenbank „kino" sollen Daten abgefragt werden.

Die Tabellen sind angelegt und die Datensätze eingefügt. In der Tabellenübersicht Seite 89 wird das relationale Datenmodell zum Projekt „Kinocenter" zusammengefasst.

Mit SELECT können Sie nach Ihren Wünschen Daten aus einer oder aus mehreren Tabellen abfragen. SELECT setzt sich aus folgenden Angaben zusammen:

- erwünschte Spalten der Tabellen
- betroffene Tabellen
- Suchkriterien

```
SELECT Spalten
FROM Tabellen
WHERE Suchkriterien;
```

Die folgende Anweisung ermittelt den Titel und das Erscheinungsjahr aller Filme:

```
mysql> SELECT titel,erscheinungsjahr FROM film;
```

```
+--------------------------+------------------+
| titel                    | erscheinungsjahr |
+--------------------------+------------------+
| Yellowstone River        |             2020 |
| Vor langer Zeit          |             2019 |
| Geheimnis des Äquators   |             2020 |
| Das weite Tal            |             2019 |
| Der kleine Straßenhund   |             2019 |
+--------------------------+------------------+
5 rows in set (0.00 sec)
```

Wenn alle Spalten ausgegeben werden sollen, kann das Zeichen * eingesetzt werden:

```
mysql> SELECT * FROM film;
```

```
+--------+------------------------+------------+------------------+---------+
| filmID | titel                  | filmlaenge | erscheinungsjahr | genreID |
+--------+------------------------+------------+------------------+---------+
|     42 | Yellowstone River      |        135 |             2020 |       1 |
|     43 | Vor langer Zeit        |         90 |             2019 |       2 |
|     44 | Geheimnis des Äquators |         90 |             2020 |       3 |
|     45 | Das weite Tal          |        150 |             2019 |       1 |
|     46 | Der kleine Straßenhund |         75 |             2019 |       2 |
+--------+------------------------+------------+------------------+---------+
5 rows in set (0.00 sec)
```

Wenn Ergebnisse nicht doppelt ausgegeben werden sollen, kann mit DISTINCT gearbeitet werden. Vergleichen Sie die folgenden Abfragen, einmal ohne und einmal mit DISTINCT:

```
mysql> SELECT etage FROM saal;
```

```
+-------+
| etage |
+-------+
|     1 |
|     1 |
|     1 |
|     2 |
|     2 |
|     2 |
+-------+
6 rows in set (0.00 sec)
```

```
mysql> SELECT DISTINCT etage FROM saal;
```

```
+-------+
| etage |
+-------+
|     1 |
|     2 |
+-------+
2 rows in set (0.00 sec)
```

> DISTINCT **bewirkt, dass doppelte Ergebnisse nur einmal ausgegeben werden.**

Suchkriterien

Mit dem WHERE-Teil können Sie die Ergebnismenge eingrenzen. Um alle Filme des Genres „Abenteuer" abzufragen, geben Sie Folgendes ein:

```
mysql>
SELECT titel
FROM film
WHERE genreID=1;
```

```
+-------------------+
| titel             |
+-------------------+
| Yellowstone River |
| Das weite Tal     |
+-------------------+
2 rows in set (0.02 sec)
```

Die Filmlänge des Films „Yellowstone River" kann wie folgt gesucht werden:

```
mysql>
SELECT filmlaenge
FROM film
WHERE titel='Yellowstone River';
```

```
+------------+
| filmlaenge |
+------------+
|        135 |
+------------+
1 row in set (0.00 sec)
```

Um alle Filme mit Überlänge zu erhalten, geben Sie als Suchkriterium filmlaenge>=120 ein:

```
mysql>
SELECT titel,filmlaenge
FROM film
WHERE filmlaenge>=120;
```

```
+-------------------+------------+
| titel             | filmlaenge |
+-------------------+------------+
| Yellowstone River |        135 |
| Das weite Tal     |        150 |
+-------------------+------------+
2 rows in set (0.02 sec)
```

Die nachfolgende Tabelle zeigt Vergleichsoperatoren, die Sie in Suchkriterien einsetzen können:

Vergleichsoperator	Beschreibung
=	Gleich
!=	Ungleich
<	Kleiner als
>	Größer als
<=	Kleiner oder gleich
>=	Größer oder gleich

Suchmuster

Durch Suchmuster kann man Datenbankabfragen stellen, auch wenn nur ein Teil der Information bekannt ist. Ein Mitarbeiter erinnert sich z. B. nicht mehr genau an den Titel eines Films, aber er weiß, dass das Wort „Äquator" darin vorkommt. Ein Suchmuster wird mit dem Operator LIKE und Platzhaltern formuliert.

Platzhalter	Suche
_	Ein einzelnes beliebiges Zeichen
%	Eine beliebige Zeichenfolge

Das Wort „Äquator" kann an einer beliebigen Stelle im Filmtitel vorkommen, d. h., vor und nach dem Wort kann eine beliebige Zeichenfolge stehen:

```
mysql>
SELECT titel
FROM film
WHERE titel LIKE '%Äquator%';
```

```
+------------------------+
| titel                  |
+------------------------+
| Geheimnis des Äquators |
+------------------------+
1 row in set (0.01 sec)
```

> **Um ein Suchkriterium zu formulieren, das ein bestimmtes Muster mit den abgespeicherten Werten vergleicht, verwendet man den Operator LIKE.**

Es sei noch einmal darauf hingewiesen, dass Muster nur mit LIKE und nicht mit z. B. = eingesetzt werden können.

Logische Operatoren

Das Suchkriterium kann sich auch aus mehreren Termen zusammensetzen:

```
mysql>
SELECT titel
FROM film
WHERE erscheinungsjahr=2019 AND genreID=1;
```

```
+---------------+
| titel         |
+---------------+
| Das weite Tal |
+---------------+
1 row in set (0.00 sec)
```

Das oben stehende Suchkriterium beschränkt die Ausgabe auf diejenigen Daten, für die die Bedingung erscheinungsjahr=2019 gilt und gleichzeitig (AND) die Bedingung genreID=1 zutrifft.

Als Nächstes sollen Filme aus dem Jahr 2019 gefunden werden, die entweder dem Genre 1 oder dem Genre 3 zugeordnet sind. Der erste Versuch führt nicht zum gewünschten Ergebnis:

```
mysql>
SELECT titel,erscheinungsjahr,genreID
FROM film
WHERE erscheinungsjahr=2019 AND genreID=1 OR genreID=3;
```

```
+------------------------+------------------+----------+
| titel                  | erscheinungsjahr | genreID  |
+------------------------+------------------+----------+
| Geheimnis des Äquators |             2020 |        3 |
| Das weite Tal          |             2019 |        1 |
+------------------------+------------------+----------+
2 rows in set (0.00 sec)
```

In diesem Beispiel hat die Reihenfolge der Verknüpfung logischer Operatoren dazu geführt, dass nicht das gewünschte Ergebnis ausgegeben wurde. Die geforderte Reihenfolge ist immer NOT vor AND vor OR. Im Beispiel wurde daher erscheinungsjahr=2019 zunächst mit genreID=1 verknüpft (AND). Das Zwischenergebnis liefert den Film „Das weite Tal". Das Zwischenergebnis wird dann durch das logische ODER mit genreID=3 verknüpft. Es werden also Daten ausgegeben, für die das Zwischenergebnis ODER die Bedingung genreID=3 erfüllt ist – also auch ein Film aus dem Jahr 2020.

Die Reihenfolge wird durch Klammern der logischen ODER-Verknüpfung geändert. Dadurch werden die geforderten Daten gefunden:

```
mysql>
SELECT titel,erscheinungsjahr,genreID
FROM film
WHERE erscheinungsjahr=2019 AND (genreID=1 OR genreID=3);
```

```
+---------------+------------------+----------+
| titel         | erscheinungsjahr | genreID  |
+---------------+------------------+----------+
| Das weite Tal |             2019 |        1 |
+---------------+------------------+----------+
1 row in set (0.00 sec)
```

> **Für die Formulierung von Suchkriterien können die logische Operatoren NOT, AND und OR eingesetzt werden.**

Ergebnismenge sortieren

Um sich die Filme z. B. sortiert nach Filmlänge ausgeben zu lassen, muss die Anweisung um ORDER BY ergänzt werden:

```
mysql>
SELECT titel,filmlaenge
FROM film
ORDER BY filmlaenge ASC;
```

```
+----------------------+------------+
| titel                | filmlaenge |
+----------------------+------------+
| Der kleine Straßenhund |       75 |
| Vor langer Zeit      |         90 |
| Geheimnis des Äquators |       90 |
| Yellowstone River    |        135 |
| Das weite Tal        |        150 |
+----------------------+------------+
5 rows in set (0.00 sec)
```

ASC steht dabei für aufsteigend (engl. *ascending*) und DESC für absteigend (engl. *descending*). ASC ist standardmäßig eingestellt und muss daher in der obigen Abfrage eigentlich nicht angegeben werden. Wenn die Filme nach der Filmlänge absteigend angezeigt werden sollen, lautet die Abfrage wie folgt:

```
mysql>
SELECT titel,filmlaenge
FROM film
ORDER BY filmlaenge DESC;
```

```
+----------------------+------------+
| titel                | filmlaenge |
+----------------------+------------+
| Das weite Tal        |        150 |
| Yellowstone River    |        135 |
| Vor langer Zeit      |         90 |
| Geheimnis des Äquators |       90 |
| Der kleine Straßenhund |       75 |
+----------------------+------------+
5 rows in set (0.00 sec)
```

> **ORDER BY … ASC** sortiert die Ergebnismenge aufsteigend und **ORDER BY … DESC** absteigend.

Ergebnismenge beschränken

Angenommen, Sie suchen den längsten Film in der Datenbank. Dafür können Sie die Ergebnismenge einschränken, indem Sie nur den ersten Treffer des vorherigen Beispiels anzeigen lassen:

```
mysql>
SELECT titel,filmlaenge
FROM film
ORDER BY filmlaenge DESC LIMIT 1;
```

```
+----------------+------------+
| titel          | filmlaenge |
+----------------+------------+
| Das weite Tal  |        150 |
+----------------+------------+
1 row in set (0.00 sec)
```

Wenn Sie die zwei kürzesten Filme sehen wollen, können Sie wie folgt einschränken:

```
mysql>
SELECT titel,filmlaenge
FROM film
ORDER BY filmlaenge ASC LIMIT 2;
```

```
+-------------------------+------------+
| titel                   | filmlaenge |
+-------------------------+------------+
| Der kleine Straßenhund  |         75 |
| Vor langer Zeit         |         90 |
+-------------------------+------------+
2 rows in set (0.00 sec)
```

Wenn Sie im Filmprogramm stöbern wollen und sich einen zufällig ausgewählten Film ansehen wollen, verwenden Sie folgende Anweisung:

```
mysql>
SELECT titel
FROM film
ORDER BY RAND() LIMIT 1;
```

```
+---------------+
| titel         |
+---------------+
| Das weite Tal |
+---------------+
1 row in set (0.03 sec)
```

ORDER BY RAND() liefert die Daten in zufälliger Reihenfolge. Durch LIMIT 1 wird nur die erste Zeile ausgegeben. RAND() ist eine MySQL-Funktion.

> **Mit LIMIT lässt sich die Ergebnismenge auf eine gewünschte Anzahl von Treffern beschränken.**

6.11   Datumsfunktionen

MySQL liefert vielseitige Funktionen für Rechenoperationen mit Datums- und Zeitwerten. Oft ist es vorteilhaft, Datums- und Zeitberechnungen schon von MySQL ausführen zu lassen und die Abfrageergebnisse dann an PHP zu liefern. Das erspart nachträgliche Berechnungen in PHP-Skripten.

CURDATE( ), CURTIME( ), NOW( )

Die Funktion CURDATE() liefert das aktuelle Datum, CURTIME() die aktuelle Uhrzeit und NOW() das aktuelle Datum mit Uhrzeit. Wenn Sie SELECT ohne FROM verwenden, werden die Funktionen direkt ausgeführt und die Ergebnisse angezeigt:

```
mysql> SELECT CURDATE();
```

```
+------------+
| CURDATE()  |
+------------+
| 2020-03-03 |
+------------+
1 row in set (0.16 sec)
```

```
mysql> SELECT CURTIME();
```

```
+-----------+
| CURTIME() |
+-----------+
| 15:20:28  |
+-----------+
1 row in set (0.00 sec)
```

```
mysql> SELECT NOW();
```

```
+---------------------+
| NOW()               |
+---------------------+
| 2020-03-03 15:20:39 |
+---------------------+
1 row in set (0.00 sec)
```

DATETIME aufsplitten

Die Spalte „termin" der Tabelle „vorfuehrung" ist vom Typ DATETIME. Auf diese Spalte können Sie Datums- und Zeitfunktionen anwenden. YEAR(), MONTH(), DAY(), HOUR(), MINUTE() und SECOND() splitten einen DATETIME-Wert auf. Alle Vorführungen vom 21.02.2020 erhalten Sie z. B. mit dieser Anfrage:

```
mysql>
SELECT *
FROM vorfuehrung
WHERE YEAR(termin)=2020 AND MONTH(termin)=2 AND DAY(termin)=21;
```

```
+----------------+--------+--------+---------------------+
| vorfuehrungsID | filmID | saalnr | termin              |
+----------------+--------+--------+---------------------+
|            130 |     43 |      6 | 2020-02-21 15:00:00 |
|            133 |     44 |      3 | 2020-02-21 18:00:00 |
|            136 |     42 |      1 | 2020-02-21 20:00:00 |
+----------------+--------+--------+---------------------+
3 rows in set (0.03 sec)
```

Für den 21.02.2020 sollen alle Abendvorstellungen, also Filme ab 18:00 Uhr, ausgegeben werden:

```
mysql>
SELECT *
FROM vorfuehrung
WHERE YEAR(termin)=2020 AND MONTH(termin)=2 AND DAY(termin)=21
AND HOUR(termin)>=18;
```

```
+----------------+--------+--------+---------------------+
| vorfuehrungsID | filmID | saalnr | termin              |
+----------------+--------+--------+---------------------+
|            133 |     44 |      3 | 2020-02-21 18:00:00 |
|            136 |     42 |      1 | 2020-02-21 20:00:00 |
+----------------+--------+--------+---------------------+
2 rows in set (0.01 sec)
```

> Auf Tabellenspalten vom Typ DATETIME lassen sich die von MySQL bereitgestellten Datums- und Zeitfunktionen anwenden.

6.12   Gruppenfunktionen

Wenn Sie den Datenbestand auswerten wollen, können Sie sogenannte Gruppenfunktionen heranziehen. Sie ermöglichen Ihnen, Datensätze zu zählen, Durchschnittswerte zu berechnen oder Datensätze nach bestimmten Kriterien zu gruppieren.

COUNT( )

COUNT() wird eingesetzt, um die Anzahl der Datensätze in einer Tabelle zu ermitteln:

```
mysql> SELECT COUNT(*) FROM film;
```

```
+----------+
| COUNT(*) |
+----------+
| 5        |
+----------+
1 row in set (0.06 sec)
```

Sie können eine aussagekräftige Spaltenüberschrift (hier: „anzahl_filme") für die Serverantwort mit AS definieren:

```
mysql> SELECT COUNT(*) AS anzahl_filme FROM film;
```

```
+--------------+
| anzahl_filme |
+--------------+
| 5            |
+--------------+
1 row in set (0.00 sec)
```

GROUP BY

Daten können auch gruppiert werden, z. B., um die Anzahl der Filme eines Genres anzuzeigen. Setzen Sie GROUP BY ein, um die Anzahl nach Genres gruppiert zu bestimmen:

```
mysql>
SELECT genreID,COUNT(filmID)
FROM film
GROUP BY genreID;
```

```
+---------+---------------+
| genreID | COUNT(filmID) |
+---------+---------------+
|       1 |             2 |
|       2 |             2 |
|       3 |             1 |
+---------+---------------+
3 rows in set (0.00 sec)
```

Die nächsten Beispiele beziehen sich auf die Tabelle „besucher". Die Tabelle führt für jeden Film die Anzahl der Besucher auf. Die Gesamtzahl der Besucher können Sie mit SUM() ermitteln:

```
mysql> SELECT SUM(anzahl) AS gesamtzahl FROM besucher;
```

```
+------------+
| gesamtzahl |
+------------+
|       2664 |
+------------+
1 row in set (0.00 sec)
```

AVG() wird für die Berechnung von Durchschnittswerten herangezogen. In der Tabelle „besucher" wird die Gesamtzahl der Besucher eines Films im Kinocenters abgespeichert. Im nächsten Beispiel wird die mittlere (durchschnittliche) Besucherzahl berechnet:

```
mysql> SELECT AVG(anzahl) AS mittlere_besucherzahl FROM besucher;
```

```
+-----------------------+
| mittlere_besucherzahl |
+-----------------------+
|              532.8000 |
+-----------------------+
1 row in set (0.00 sec)
```

In der Tabelle „film" ist jeder Titel einem Genre zugeordnet. MAX(filmlaenge) bestimmt für jedes Genre die Dauer des längsten Films:

```
mysql>
SELECT genreID,MAX(filmlaenge) AS laengster_film
FROM film
GROUP BY genreID;
```

```
+----------+----------------+
| genreID  | laengster_film |
+----------+----------------+
|        1 |            150 |
|        2 |             90 |
|        3 |             90 |
+----------+----------------+
3 rows in set (0.00 sec)
```

Wenn Sie das Filmprogramm analysieren wollen und z.B. das Genre mit den wenigsten Filmen ermitteln wollen, gehen Sie wie folgt vor:

```
mysql>
SELECT genreID,COUNT(filmID) AS wenigste_filme
FROM film
GROUP BY genreID
ORDER BY wenigste_filme LIMIT 1;
```

```
+----------+----------------+
| genreID  | wenigste_filme |
+----------+----------------+
|        3 |              1 |
+----------+----------------+
1 row in set (0.00 sec)
```

Für jedes Genre wird die Anzahl der Filme mit COUNT(filmID) gezählt. Dieser Wert wird für die Sortierung herangezogen. Da ORDER BY nicht mit Funktionen wie z. B. COUNT() umgehen kann, wurde auf den Alias „wenigste_filme" zurückgegriffen. LIMIT 1 bewirkt, dass nur die erste Zeile der Ergebnismenge, also das Genre mit den wenigsten Filmen, angezeigt wird.

HAVING

Um sich die Genres mit mehr als einem Film anzeigen zu lassen, muss in der Anweisung eine Bedingung formuliert werden. WHERE kann nicht mit Gruppenfunktionen umgehen. In solchen Fällen formuliert man die Bedingung daher mit HAVING:

```
mysql>
SELECT genreID,COUNT(filmID)
FROM film
GROUP BY genreID
HAVING COUNT(filmID)>1;
```

```
+---------+---------------+
| genreID | COUNT(filmID) |
+---------+---------------+
|       1 |             2 |
|       2 |             2 |
+---------+---------------+
2 rows in set (0.03 sec)
```

Zusammenfassung

Die folgende Tabelle fasst noch einmal die bisher vorgestellten Abfrage-Funktionen zusammen:

SELECT-Komponente	Beschreibung
SELECT	Selektieren von Spalten
FROM	Definieren der benutzten Tabellen
WHERE	Selektieren bestimmter Zeilen mittels Suchkriterien
GROUP BY	Gruppieren von Zeilen auf Basis gleicher Spaltenwerte
HAVING	Selektieren von Gruppen, die der HAVING-Bedingung genügen
ORDER BY	Bestimmung der Reihenfolge der Zeilen

6.13   Abfragen über mehrere Tabellen

Sie möchten alle Filme mit Titel und mit der Bezeichnung des Genres ausgeben. Die geforderten Daten befinden sich in zwei Tabellen: in „film" und in „genre". Ein erster Versuch könnte so aussehen:

```
mysql> SELECT titel,bezeichnung FROM film,genre;
```

```
+-----------------------+--------------+
| titel                 | bezeichnung  |
+-----------------------+--------------+
| Yellowstone River     | Abenteuer    |
| Yellowstone River     | Zeichentrick |
| Yellowstone River     | Drama        |
| Vor langer Zeit       | Abenteuer    |
| Vor langer Zeit       | Zeichentrick |
| Vor langer Zeit       | Drama        |
| Geheimnis des Äquators | Abenteuer    |
| Geheimnis des Äquators | Zeichentrick |
| Geheimnis des Äquators | Drama        |
| Das weite Tal         | Abenteuer    |
| Das weite Tal         | Zeichentrick |
| Das weite Tal         | Drama        |
| Der kleine Straßenhund | Abenteuer    |
| Der kleine Straßenhund | Zeichentrick |
| Der kleine Straßenhund | Drama        |
+-----------------------+--------------+
15 rows in set (0.01 sec)
```

Sie erhalten zwar ein Ergebnis, aber kein brauchbares. Durch Ihre Anfrage wurde jeder Datensatz der Tabelle „film" mit jedem Datensatz der Tabelle „genre" verknüpft: 3 mal 5 macht 15 Datensätze. Eine derartige Verknüpfung wird als kartesisches Produkt bezeichnet. Um zu einem brauchbaren Ergebnis zu kommen, muss MySQL mitgeteilt werden, welche Datensätze zusammengehören. Gelöst wird das Problem mit einem sogenannten Equi-Join.

Equi-Join

Der Equi-Join setzt eine Bedingung in die obige Abfrage. Die Bedingung verknüpft die Kind-tabelle „film" mit der Vatertabelle „genre" über den Fremdschlüssel genreID:

```
mysql>
SELECT titel,bezeichnung
FROM film,genre
WHERE genre.genreID=film.genreID;
```

```
+-----------------------------+---------------+
| titel                       | bezeichnung   |
+-----------------------------+---------------+
| Yellowstone River           | Abenteuer     |
| Vor langer Zeit             | Zeichentrick  |
| Geheimnis des Äquators      | Drama         |
| Das weite Tal               | Abenteuer     |
| Der kleine Straßenhund      | Zeichentrick  |
+-----------------------------+---------------+
5 rows in set (0.04 sec)
```

Das gewünschte Ergebnis wird ausgegeben. Da die Spalte „genreID" nicht eindeutig ist (sie kommt in beiden Tabellen als Spalte vor), ist sie jeweils mit Tabellenbezeichnung anzugeben: genre.genreID bzw. film.genreID.

Soll die genreID hinter SELECT aufgeführt werden, ist ebenfalls eine zugehörige Tabelle zu spezifizieren:

```
mysql>
SELECT titel,genre.genreID,bezeichnung
FROM film,genre
WHERE genre.genreID=film.genreID;
```

```
+-----------------------------+---------+---------------+
| titel                       | genreID | bezeichnung   |
+-----------------------------+---------+---------------+
| Yellowstone River           |       1 | Abenteuer     |
| Vor langer Zeit             |       2 | Zeichentrick  |
| Geheimnis des Äquators      |       3 | Drama         |
| Das weite Tal               |       1 | Abenteuer     |
| Der kleine Straßenhund      |       2 | Zeichentrick  |
+-----------------------------+---------+---------------+
5 rows in set (0.00 sec)
```

Selbstverständlich können Sie auch weitere Bedingungen hinzufügen. Ausgegeben werden sollen jetzt z. B. alle Abenteuerfilme:

```
mysql>
SELECT titel,genre.genreID,bezeichnung
FROM film,genre
WHERE bezeichnung='Abenteuer'
AND genre.genreID=film.genreID;
```

```
+--------------------+---------+-------------+
| titel              | genreID | bezeichnung |
+--------------------+---------+-------------+
| Yellowstone River  |       1 | Abenteuer   |
| Das weite Tal      |       1 | Abenteuer   |
+--------------------+---------+-------------+
2 rows in set (0.03 sec)
```

Wenn Sie sich alle Vorführungen mit Filmtitel, Saalnummer, Etage und Termin ausgeben lassen wollen, sind drei Tabellen zu verknüpfen: die Tabellen „film" und „vorfuehrung" über den Fremdschlüssel filmID und die Tabellen „vorfuehrung" und „saal" über den Fremdschlüssel saalnr.

```
mysql>
SELECT titel,saal.saalnr,etage,termin
FROM film,vorfuehrung,saal
WHERE film.filmID=vorfuehrung.filmID
AND vorfuehrung.saalnr=saal.saalnr;
```

```
+-----------------------+--------+-------+---------------------+
| titel                 | saalnr | etage | termin              |
+-----------------------+--------+-------+---------------------+
| Vor langer Zeit       |      6 |     2 | 2020-02-21 15:00:00 |
| Vor langer Zeit       |      6 |     2 | 2020-02-22 15:00:00 |
| Vor langer Zeit       |      6 |     2 | 2020-02-23 15:00:00 |
| Geheimnis des Äquators|      3 |     1 | 2020-02-21 18:00:00 |
| Geheimnis des Äquators|      3 |     1 | 2020-02-22 18:00:00 |
| Geheimnis des Äquators|      3 |     1 | 2020-02-23 18:00:00 |
| Yellowstone River     |      1 |     1 | 2020-02-21 20:00:00 |
| Yellowstone River     |      1 |     1 | 2020-02-22 20:00:00 |
| Yellowstone River     |      1 |     1 | 2020-02-23 20:00:00 |
+-----------------------+--------+-------+---------------------+
9 rows in set (0.00 sec)
```

Für die Verknüpfung von drei Tabellen braucht man zwei Verknüpfungen und damit zwei Bedingungen in der SQL-Abfrage.

> **Bei SQL-Abfragen über mehrere Tabellen werden diese über Fremdschlüssel in Beziehung gesetzt.**

Outer-Join

Der Tabelle „genre" wurden die Genres „Thriller" und „Komödie" hinzugefügt:

```
mysql>
INSERT INTO genre
VALUES (4,'Thriller'),
       (5,'Komödie');
```

```
Query OK, 2 rows affected (0.87 sec)
Records: 2 Duplicates: 0 Warnings: 0
```

Tabelle „genre"

genreID (PK)	bezeichnung
1	Abenteuer
2	Zeichentrick
3	Drama
4	Thriller
5	Komödie

Der folgende Equi-Join gibt zu jedem Genre die Filme aus:

```
mysql>
SELECT genre.genreID,bezeichnung,titel
FROM genre,film
WHERE genre.genreID=film.genreID
ORDER BY genreID;
```

```
+---------+--------------+------------------------+
| genreID | bezeichnung  | titel                  |
+---------+--------------+------------------------+
|       1 | Abenteuer    | Das weite Tal          |
|       1 | Abenteuer    | Yellowstone River      |
|       2 | Zeichentrick | Der kleine Straßenhund |
|       2 | Zeichentrick | Vor langer Zeit        |
|       3 | Drama        | Geheimnis des Äquators |
+---------+--------------+------------------------+
5 rows in set (0.00 sec)
```

Leider werden die Genres „Thriller" und „Komödie" nicht mit ausgegeben. Der Grund ist, dass die WHERE-Bedingung für diese beiden nicht erfüllt ist: Es gibt keine passende genreID in der Tabelle „film". In solchen Fällen wird der Outer-Join herangezogen. Hier wird er als LEFT JOIN eingesetzt:

```
mysql>
SELECT genre.genreID,bezeichnung,titel
FROM genre LEFT JOIN film
USING(genreID)
ORDER BY genreID;
```

```
+---------+--------------+------------------------+
| genreID | bezeichnung  | titel                  |
+---------+--------------+------------------------+
|       1 | Abenteuer    | Das weite Tal          |
|       1 | Abenteuer    | Yellowstone River      |
|       2 | Zeichentrick | Der kleine Straßenhund |
|       2 | Zeichentrick | Vor langer Zeit        |
|       3 | Drama        | Geheimnis des Äquators |
|       4 | Thriller     | NULL                   |
|       5 | Komödie      | NULL                   |
+---------+--------------+------------------------+
7 rows in set (0.03 sec)
```

LEFT JOIN verknüpft die Tabellen „genre" und „film" über den in USING angegebenen Schlüssel genreID. Unabhängig davon, ob in der Tabelle „film" ein korrespondierender Datensatz gespeichert ist, werden alle Datensätze der Tabelle „genre" ausgegeben. Die Daten der Tabelle „film" werden in diesen Fällen als NULL-Werte verknüpft. Alle Datensätze der Tabelle, die links vom LEFT JOIN aufgeführt ist, werden ausgegeben. Entsprechend verhält sich der RIGHT JOIN, der alle Datensätze der rechten Tabelle ausgibt.

In den Tabellen des Projekts sind die Spaltenbezeichnungen für Primär- und Fremdschlüssel gleich gewählt. Primär- und Fremdschlüssel können aber auch verknüpft werden, wenn sie unterschiedliche Spaltenbezeichnungen haben. In diesem Fall wird USING durch ON tabelle1. spalte_p= tabelle2.spalte_f ersetzt. USING funktioniert nur bei gleicher Spaltenbezeichnung.

Anhand des Ergebnisses der zuletzt ausgeführten Abfrage kann leicht eine Abfrage zur Ermittlung aller Genres ohne Film erstellt werden:

```
mysql>
SELECT bezeichnung
FROM genre LEFT JOIN film
USING(genreID)
WHERE titel IS NULL;
```

```
+--------------+
| bezeichnung |
+--------------+
| Thriller    |
| Komödie     |
+--------------+
2 rows in set (0.00 sec)
```

Die Abfrage wurde lediglich um die Bedingung WHERE titel IS NULL erweitert. Es werden die Datensätze gefiltert, für die titel mit NULL aufgefüllt wurde. Das sind gerade die Datensätze, zu denen keine entsprechenden in der Tabelle „film" vorgefunden wurden. Auf NULL wird mit IS NULL anstatt mit =NULL verglichen.

6.14 Daten ändern und löschen

UPDATE

UPDATE ändert den Wert eines Datenfelds. Die SET-Option gibt die Änderungen an. Ausgewählt werden die Datensätze im WHERE-Teil der SQL-Anfrage. Die Besucherzahl des Films „Geheimnis des Äquators" (filmID=44) hat sich auf 610 erhöht:

```
mysql>
UPDATE besucher
SET anzahl=610
WHERE filmID=44;
```

```
Query OK, 1 row affected (0.07 sec)
Rows matched: 1 Changed: 1 Warnings: 0
```

Aufgrund einer Verschiebung im Programm müssen alle Vorführungen des Films „Geheimnis des Äquators" (filmID=44) eine Stunde später starten. Dies kann mit der Funktion DATE_ADD() umgesetzt werden. Damit wird ein Zeitintervall zu einem DATETIME-Wert addiert.

```
mysql>
UPDATE vorfuehrung
SET termin=DATE_ADD(termin,INTERVAL 1 HOUR)
WHERE filmID=44;
```

```
Query OK, 3 rows affected (0.05 sec)
Rows matched: 3 Changed: 3 Warnings: 0
```

```
mysql> SELECT * FROM vorfuehrung WHERE filmID=44;
```

```
+----------------+--------+--------+---------------------+
| vorfuehrungsID | filmID | saalnr | termin              |
+----------------+--------+--------+---------------------+
|            133 |     44 |      3 | 2020-02-21 19:00:00 |
|            134 |     44 |      3 | 2020-02-22 19:00:00 |
|            135 |     44 |      3 | 2020-02-23 19:00:00 |
+----------------+--------+--------+---------------------+
3 rows in set (0.00 sec)
```

Der bestehende Termin wird gelesen, um eine Stunde erhöht und dann mit dem geänderten Wert wieder zurück in die Datenbank geschrieben.

Entsprechend kann die Funktion DATE_SUB() eingesetzt werden. Der Film „Vor langer Zeit" (filmID=43) soll z. B. 30 Minuten früher beginnen:

```
mysql>
UPDATE vorfuehrung
SET termin=DATE_SUB(termin,INTERVAL 30 MINUTE)
WHERE filmID=43;
```

```
Query OK, 3 rows affected (0.24 sec)
Rows matched: 3 Changed: 3 Warnings: 0
```

```
mysql>
SELECT * FROM vorfuehrung WHERE filmID=43;
```

```
+----------------+--------+--------+---------------------+
| vorfuehrungsID | filmID | saalnr | termin              |
+----------------+--------+--------+---------------------+
|            130 |     43 |      6 | 2020-02-21 14:30:00 |
|            131 |     43 |      6 | 2020-02-22 14:30:00 |
|            132 |     43 |      6 | 2020-02-23 14:30:00 |
+----------------+--------+--------+---------------------+
3 rows in set (0.00 sec)
```

Beim Anlegen der Tabelle „film" haben Sie die referenzielle Integrität ON UPDATE CASCADE eingestellt. Als Ergebnis werden Änderungen in der Vatertabelle „genre" in die abhängige Tabelle „film" übernommen. Die genreID 1 („Abenteuerfilme") wird auf den Wert 6 geändert. Die genreID in der Tabelle „film" passt sich automatisch an:

```
mysql> UPDATE genre SET genreID=6 WHERE genreID=1;
```

```
Query OK, 1 row affected (0.05 sec)
Rows matched: 1 Changed: 1 Warnings: 0
```

```
mysql> SELECT titel, genreID FROM film;
```

```
+-------------------------+---------+
| titel                   | genreID |
+-------------------------+---------+
| Yellowstone River       |       6 |
| Vor langer Zeit         |       2 |
| Geheimnis des Äquators  |       3 |
| Das weite Tal           |       6 |
| Der kleine Straßenhund  |       2 |
+-------------------------+---------+
5 rows in set (0.00 sec)
```

DELETE

Der DELETE-Befehl löscht Datensätze aus einer Tabelle. Die vorgesehenen Datensätze können über Suchkriterien festgelegt werden. Die folgende Anfrage löscht z. B. alle Zeichentrickfilme (genreID=2):

```
mysql> DELETE FROM film WHERE genreID=2;
```

```
Query OK, 2 rows affected (0.07 sec)
```

```
mysql> SELECT * FROM film;
```

```
+--------+------------------------+------------+-------------------+---------+
| filmID | titel                  | filmlaenge | erscheinungsjahr  | genreID |
+--------+------------------------+------------+-------------------+---------+
|     42 | Yellowstone River      |        135 |              2020 |       1 |
|     44 | Geheimnis des Äquators |         90 |              2020 |       3 |
|     45 | Das weite Tal          |        150 |              2019 |       1 |
+--------+------------------------+------------+-------------------+---------+
3 rows in set (0.00 sec)
```

In der Tabelle „besucher" wurde die Regel ON DELETE CASCADE für den Fremdschlüssel filmID eingestellt. Die obige Löschanfrage für die Tabelle „film" hat bewirkt, dass Datensätze in der Tabelle „besucher" ebenfalls gelöscht wurden: In der Vatertabelle „film" wurden die Zeichentrickfilme „Vor langer Zeit" (filmID=43) und „Der kleine Straßenhund" (filmID=46) gelöscht. Automatisch wurden die korrespondierenden Datensätze auch aus der Kindtabelle „besucher" entfernt. Die Datenbank bleibt stimmig, da in der Tabelle „besucher" auf keinen nicht vorhandenen Film verwiesen wird.

```
mysql> select * from besucher;
```

```
+--------+--------+
| filmID | anzahl |
+--------+--------+
|     42 |   1012 |
|     44 |    275 |
|     45 |    521 |
+--------+--------+
3 rows in set (0.00 sec)
```

Ohne die WHERE-Bedingung würde der gesamte Tabelleninhalt gelöscht:

```
mysql> DELETE FROM film;
```

```
Query OK, 3 rows affected (0.17 sec)
```

```
mysql> SELECT * FROM film;
```

```
Empty set (0.00 sec)
```

> **Achtung:** Sie sollten den DELETE-Befehl vorsichtig einsetzen, um ungewollten Datenverlust zu vermeiden.

6.15 Aufgaben

1 Das Unternehmen BServs verwaltet ihre Abteilungen, Mitarbeiter und Projekte in der Datenbank „bservs". Betrachtet werden die Tabellen „abteilung", „mitarbeiter" und „arbeitet_an". Die Tabelle „projekte" (Primärschlüssel: projektnummer) ist nicht aufgeführt. Folgender Datenbestand liegt vor:

Tabelle „abteilung"

abtnr* (PK)	abteilungsname
1	Leitung
2	Entwicklung
4	Business
5	Marketing

* abtnr: Abteilungsnummer

Tabelle „mitarbeiter"

manr* (PK)	name	vorname	geschlecht	eintritt	gehalt	abtnr (FK)
50	Merten	Daniel	M	2018-05-01	8500	1
51	Gierlach	Stefan	M	2018-05-01	9100	1
60	Schmitz	Janine	W	2019-01-01	4900	2
61	Scholz	Andreas	M	2019-01-01	5900	4
62	Kempgen	Ursula	W	2019-02-15	4800	2
63	Bezold	Andrea	W	2019-02-01	5500	4
64	Henkel	Rainer	M	2020-01-01	5000	4

* manr = Mitarbeiternummer

Tabelle „arbeitet_an"

manr (PFK)	projektnummer (PFK)	projekteintritt	projektaustritt
61	510	2019-01-01	2019-06-30
61	520	2019-08-10	2019-12-31
61	530	2020-01-01	NULL
63	520	2019-08-10	NULL
64	520	2020-01-01	NULL
64	540	2020-01-01	NULL

Legen Sie die Datenbank „bservs" und die Tabellen an. Nehmen Sie den obigen Datenbestand auf. Erstellen Sie jeweils eine SQL-Abfrage zu folgenden Fragestellungen:
a) Alle Mitarbeiter (manr, name, vorname) sollen ausgegeben werden.
b) Alle Daten des Mitarbeiters 64 sollen ausgegeben werden.
c) Welche Mitarbeiter verdienen weniger als 5 000 €?

d) Geben Sie die Mitarbeiter absteigend sortiert nach dem Eintrittsdatum aus.

e) Es soll der zuletzt eingestellte Mitarbeiter ermittelt werden.

f) Gesucht sind die männlichen Mitarbeiter aus den Abteilungen 2 und 4.

g) Ermitteln Sie die Anzahl der Mitarbeiter.

h) Die Frauenbeauftragte möchte das Durchschnittsgehalt gruppiert nach Mitarbeiterinnen und Mitarbeitern ausgegeben haben.

i) Welche Mitarbeiter (manr) sind derzeit noch am Projekt 520 tätig?

j) Welche Projekte (projektnummer) sind noch nicht abgeschlossen? Jedes Projekt ist in der Ausgabe nur einmal aufzuführen.

2 Diese Aufgabe bezieht sich ebenfalls auf die Datenbank „bservs" aus Aufgabe 1. Die folgenden Abfragen verknüpfen mehrere Tabellen. Auch hier sind die Fragen mit jeweils nur einer SQL-Abfrage zu beantworten.

a) SELECT name,vorname,abteilungsname FROM abteilung, mitarbeiter;
   Wie viele Zeilen liefert diese Abfrage? Begründen Sie Ihre Antwort.

b) Geben Sie die Abteilungen (abteilungsname) und die zugehörigen Mitarbeiter (name, vorname) aus.

c) Geben Sie alle Abteilungen (abteilungsname) – also auch die Abteilungen ohne Mitarbeiter – und die zugehörigen Mitarbeiter (name, vorname) aus.

d) Es sollen die Projektnummer, der Projektein- und -austritt, der Mitarbeitername und der Abteilungsname sortiert nach Projektnummer und Projekteintritt angezeigt werden.

e) Es sollen die Projektnummer, der Projektein- und austritt, der Mitarbeitername und der Abteilungsname sortiert nach Projekteintritt für das Projekt 520 angezeigt werden.

f) Welche Mitarbeiter verdienen mehr als Mitarbeiter 63 (manr=63)?

3 Aus der Datenbank „bservs" werden Daten gelöscht und Daten aktualisiert:

a) Löschen Sie den Mitarbeiter 64 aus der Tabelle „mitarbeiter". Werden die korrespondierenden Datensätze aus der Tabelle „arbeitet_an" ebenfalls gelöscht?

b) Ändern Sie den Nachnamen von Ursula Kempgen auf Wagner.

c) Erhöhen Sie das Gehalt aller Mitarbeiter um 5 %.

4 Die Datenbank eines Großhändlers umfasst die Tabellen „Kunde", „Auftrag", „Artikel" und „Auftragsposition":

Tabelle „Kunde"
- Kundennummer (PK)
- Vorname
- Name
- Strasse
- Ort
- Postleitzahl
- Telefon

Tabelle „Auftrag"
- Auftragsnummer (PK)
- Auftragsdatum
- Kundennummer (FK)

Tabelle „Artikel"
- Artikelnummer (PK)
- Artikelbezeichnung
- Verkaufspreis

Tabelle „Auftragsposition"
- Auftragsnummer (PFK)
- Artikelnummer (PFK)
- Bestellmenge

a) Für jeden Kunden soll die Summe der Auftragswerte (Umsatz) berechnet werden.

  Hinweis: Im SELECT-Teil einer Abfrage können Berechnungen durchgeführt werden, z.B. SUM(spalte_a * spalte_b).

b) Die Ausgabe aus a) soll in Abhängigkeit des Umsatzes absteigend sortiert werden.

c) Gesucht sind nur die Kunden mit einem Umsatz von mehr als 50 000 €.

d) Ermitteln Sie den Kunden mit dem niedrigsten Umsatz.

e) Geben Sie alle Kunden an, denen keine Aufträge in der Datenbank zugeordnet sind.

5 Ein Versicherungsmakler hat mehrere Niederlassungen. In der Tabelle werden die Provisionen den Versicherungsarten (VArt) und den Niederlassungen zugeordnet.

Tabelle „versicherung"

ID	VArt	Niederlassung	Provision
1	Krankenversicherung	Fürth	13 000
2	Krankenversicherung	Nürnberg	15 000
3	Krankenversicherung	Ansbach	9 000
4	Rentenversicherung	Fürth	10 000
5	Rentenversicherung	Nürnberg	6 000
6	Haftpflichtversicherung	Nürnberg	5 000

Geben Sie jeweils den SQL-Befehl an.

a) Legen Sie die Tabelle an und fügen Sie die Daten ein.

b) Wie viele Niederlassungen hat der Makler?

c) Ermitteln Sie die Summe aller Provisionen.

d) Wie hoch sind die Provisionen jeder Niederlassung?

e) Welche Niederlassung hat Provisionen über 25 000 €?

f) Welche Niederlassung vertreibt mehr als eine Versicherungsart?

7. 1   PHP-Anwendung zum Projekt Kinocenter

Auftrag

Das Filmprogramm des Kinocenters soll aus der Datenbank gelesen und im Webbrowser ausgegeben werden.

Eine PHP-Anwendung ist zu erstellen, die das aktuelle Filmprogramm aus der MySQL-Datenbank liest. In den vorherigen Kapiteln wurde die Datenbank für die Webanwendung „Kinocenter" erstellt. Zwei SELECT-Anfragen rufen die Filme mit Genre ab:

```
mysql> USE kino;
```

```
Database changed
```

```
mysql> SHOW TABLES;
```

```
+----------------+
| Tables_in_kino |
+----------------+
| besucher       |
| film           |
| genre          |
| saal           |
| vorfuehrung    |
+----------------+
5 rows in set (0.00 sec)
```

```
mysql> SELECT * FROM film;
```

```
+--------+----------------------+------------+------------------+---------+
| filmID | titel                | filmlaenge | erscheinungsjahr | genreID |
+--------+----------------------+------------+------------------+---------+
| 42     | Yellowstone River    | 135        | 2020             | 1       |
| 43     | Vor langer Zeit      | 90         | 2019             | 2       |
| 44     | Geheimnis des Äquators | 90       | 2020             | 3       |
| 45     | Das weite Tal        | 150        | 2019             | 1       |
| 46     | Der kleine Straßenhund | 75       | 2019             | 2       |
+--------+----------------------+------------+------------------+---------+
5 rows in set (0.00 sec)
```

```
mysql> SELECT * FROM genre;
```

```
+---------+-------------+
| genreID | bezeichnung |
+---------+-------------+
| 1       | Abenteuer   |
| 2       | Zeichentrick |
| 3       | Drama       |
+---------+-------------+
3 rows in set (0.00 sec)
```

7.2   Von PHP aus auf MySQL zugreifen

Das aktuelle Filmprogramm wird vom PHP-Skript „filme_lesen.php" aus der Datenbank gelesen und im Webbrowser ausgegeben.

filme_lesen.php

```php
<html>
<head><title>Kinocenter</title></head>
<body>
<b>Das aktuelle Filmprogramm</b><br><br>
<?php
//Datenbank-Parameter
$db_server='localhost';
$db_user='phpuser';
$db_passwort='geheim';
$db_name='kino';

//mit der Datenbank verbinden
$verbindung=mysqli_connect($db_server,$db_user,$db_passwort,$db_name);
```

```php
if (!$verbindung)
  die("Der Server kann nicht erreicht werden.");

mysqli_set_charset($verbindung,"utf8");

//Filme aus Datenbank holen
$query="SELECT titel,filmlaenge FROM film ORDER BY filmID";
$ergebnis=mysqli_query($verbindung,$query);
if(!$ergebnis)
  echo mysqli_error();

//und in die Arrays $titel u. $filmlaenge schreiben
$titel=array();
$filmlaenge=array();
$i=0;
while($zeile=mysqli_fetch_array($ergebnis))
{
  $titel[$i]=$zeile[0];
  $filmlaenge[$i]=$zeile[1];
  $i++;
}
mysqli_free_result($ergebnis);

//Ausgabe der Filme
$i=0;
while($i<count($titel))
{
  echo $titel[$i].", ".$filmlaenge[$i]." min<br>";
  $i++;
}
mysqli_close($verbindung);
?>
</body>
</html>
```

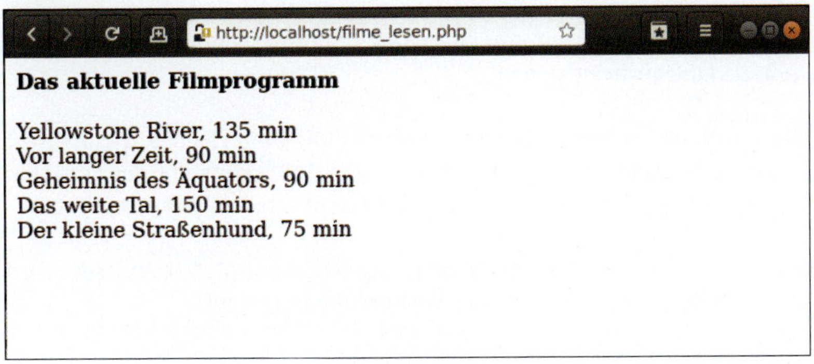

Abb. 7.1: Ausgabe des aus der Datenbank gelesenen Filmprogramms

MySQL-Verbindungen von PHP aus aufbauen

Zunächst ist eine Verbindung zur MySQL-Datenbank aufzubauen. Für den Verbindungs-aufbau müssen Sie folgende Daten bereitstellen:

- **Name des Servers:** In den meisten Fällen ist der Servername „localhost". Das gilt nicht nur auf dem Entwicklungsrechner, sondern auch für den Webspace bei Ihrem Provi-der. Aus der Perspektive der PHP-Skripte liegen diese auf dem gleichen Server wie die Datenbank.
- **Name der Datenbank:** Wahrscheinlich ist der Name der Datenbank von Ihrem Webspace-Provider vorgegeben. Auf Ihrem eigenen Entwicklungsrechner hingegen legen Sie selbst die Datenbank an und bestimmen somit auch ihren Namen.
- **MySQL-Username:** Den Benutzernamen entnehmen Sie den Zugangsdaten, die Ihr Webspace-Provider Ihnen zugeschickt hat. Auf Ihrem Entwicklungsrechner nutzen Sie CREATE USER, um einen neuen Benutzer für das Projekt anzulegen.
- **MySQL-Passwort:** Beim Anlegen des Benutzers wurde ein Passwort vergeben. Der Provi-der wird Ihnen ermöglichen, das in den Zugangsdaten angegebene Passwort zu ändern.

In obigem PHP-Skript wurden die Parameter den Variablen $db_server, $db_name, $db_user und $db_passwort zugewiesen:

```
$db_server='localhost';
$db_user='phpuser';
$db_passwort='geheim';
$db_name='kino';
```

Die Variablen $db_server, $db_user, $db_passwort und $db_name werden der PHP-Funk-tion mysqli_connect() als Parameter übergeben:

```
$verbindung=mysqli_connect($db_server,$db_user,$db_passwort,$db_name);
if (!$verbindung)
  die("Der Server kann nicht erreicht werden.");
```

Die Funktion öffnet eine Verbindung zum MySQL-Server. Der von der Funktion gelieferte Rückgabewert wird in der Variablen $verbindung gespeichert. Wurde eine Verbindung er-folgreich aufgebaut, ist der Rückgabewert eine MySQL-Verbindungskennung. Im Fehlerfall wird der boolesche Wert *false* zurückgegeben.

if(!$verbindung) überprüft, ob der in der Variablen $verbindung hinterlegte Rückgabewert nicht *true* ist, also *false*. In diesem Fall wird die Abarbeitung des Skripts mit der Funktion die() beendet und die Meldung „Der Server kann nicht erreicht werden." wird erzeugt.

Um Umlaute und Sonderzeichen in der Zeichenkodierung UTF-8 aus MySQL zu lesen, wird diese mit mysqli_set_charset() für die aufgebaute Verbindung festgelegt:

```
mysqli_set_charset($verbindung,"utf8");
```

Anfragen abschicken

Nachdem die Vorbereitungen getroffen sind, können die Filme aus der Datenbank abgefragt und ausgegeben werden. Das weitere Vorgehen ist wie folgt:

Die Abfrageergebnisse werden in Arrays zwischengespeichert, um das Lesen aus der Datenbank und die Browserausgabe in separate Abschnitte unterteilen zu können. Zuerst werden die Filme aus der Datenbank gelesen:

```
$query="SELECT titel,filmlaenge FROM film ORDER BY filmID";
$ergebnis=mysqli_query($verbindung,$query);
if(!$ergebnis)
  echo mysqli_error();
```

Die SQL-Abfrage wird in die Variable $query gelegt und diese dann der Funktion mysqli_query() übergeben. Prinzipiell wäre auch ein (weniger übersichtliches) Vorgehen ohne Zwischenvariable möglich.

Die Funktion mysqli_query() sendet eine SQL-Anfrage an die in der Verbindungskennung festgelegte Datenbank. Als Parameter werden die Verbindungskennung und die SQL-Anfrage übergeben. Anders als im Client mysql wird eine SQL-Anfrage nicht mit einem Semikolon beendet.

Bei erfolgreicher Anfrage wird der Variablen $ergebnis eine Ergebniskennung zugewiesen. Mittels der Ergebniskennung können anschließend MySQL-Funktionen auf die Ergebnismenge zugreifen. Andernfalls wird *false* zurückgeliefert und mit mysqli_error() eine Fehlermeldung ausgegeben. mysqli_error() liefert den Fehlertext zu der zuletzt ausgeführten MySQL-Anfrage.

Abfrageergebnisse in Arrays speichern

Die vorangegangene SQL-Abfrage hat folgenden (nach filmID sortierten) Datenbestand in die Ergebnismenge gelegt:

Ergebnismenge

titel	filmlaenge
Yellowstone River	135
Vor langer Zeit	90
Geheimnis des Äquators	90
Das weite Tal	150
Der kleine Straßenhund	75

Die Spalten „titel" und „filmlaenge" liegen nun Zeile für Zeile abrufbereit im Hauptspeicher. Der Zugriff erfolgt über die in $ergebnis notierte Ergebniskennung der SQL-Abfrage. Im PHP-Skript sollen die beiden Spalten in jeweils einem Array abgebildet werden:

```php
$titel=array();
$filmlaenge=array();
```

Bei den indizierten Arrays $titel und $filmlaenge werden die Datenwerte wie folgt organisiert:

Array $titel

Index	titel
0	Yellowstone River
1	Vor langer Zeit
2	Geheimnis des Äquators
3	Das weite Tal
4	Der kleine Straßenhund

Array $filmlaenge

Index	filmlaenge
0	135
1	90
2	90
3	150
4	75

Zum Beispiel greift $titel[3] über den Index 3 auf den Datenwert „Das weite Tal" zu.

Die weiteren Codezeilen des Skripts „filme_lesen.php" füllen die indizierten Arrays $titel und $filmlaenge mit den obigen Datenwerten. Stand der Dinge war, dass über die Variable $ergebnis auf die Ergebnismenge der SQL-Abfrage

```sql
SELECT titel,filmlaenge FROM film ORDER BY filmID
```

zugegriffen werden kann. Die Funktion mysqli_fetch_array() wird eingesetzt, um in einer Schleife jeweils einen Datensatz aus der Ergebnismenge zu lesen. Der Datensatz wird dem indizierten Array $zeile zugewiesen:

```php
$i=0;
while($zeile=mysqli_fetch_array($ergebnis))
{
   $titel[$i]=$zeile[0];
   $filmlaenge[$i]=$zeile[1];
   $i++;
}
mysqli_free_result($ergebnis);
```

mysqli_fetch_array() liefert ein dem aktuellen Datensatz entsprechendes Array oder *false*, wenn keine weiteren Datensätze vorliegen. Das zurückgelieferte Array wird dem Array $zeile zugewiesen. Die Indizes beziehen sich dabei auf die hinter dem Schlüsselwort SELECT aufgelisteten Spaltenangaben der vorangegangenen SQL-Abfrage:

- zeile[0] beinhaltet den Titel des aktuellen Datensatzes.
- zeile[1] beinhaltet die Filmlänge des aktuellen Datensatzes.

Die Arrays $titel und $filmlaenge werden innerhalb des Schleifenkörpers mit den im Array $zeile zwischengespeicherten Datenwerten Datensatz für Datensatz gefüllt. Die Laufvariable $i startet bei 0 und wird mit jedem Durchlauf um eins erhöht. $i++ ist eine Abkürzung für $i=$i+1. Der erste, zweite und letzte Schleifendurchlauf verdeutlichen das Vorgehen:

1. Schleifendurchlauf ($i=0)

Array $zeile

Index	Datenwert
0	Yellowstone River
1	135

Array $titel

Index	Datenwert
0	Yellowstone River

Array $filmlaenge

Index	Datenwert
0	135

2. Schleifendurchlauf ($i=1)

Array $zeile

Index	Datenwert
0	Vor langer Zeit
1	90

Array $titel

Index	Datenwert
0	Yellowstone River
1	Vor langer Zeit

Array $filmlaenge

Index	Datenwert
0	135
1	90

5. Schleifendurchlauf ($i=4)

Array $zeile

Index	Datenwert
0	Der kleine Straßenhund
1	75

Array $titel

Index	Datenwert
0	Yellowstone River
1	Vor langer Zeit
2	Geheimnis des Äquators
3	Das weite Tal
4	Der kleine Straßenhund

Array $filmlaenge

Index	Datenwert
0	135
1	90
2	90
3	150
4	75

Nachdem alle Rubriken aus der Ergebnismenge gelesen und in die Arrays $titel und $filmlaenge geschrieben wurden, wird der von der Ergebnismenge beanspruchte Speicherplatz wieder freigegeben. Diese Aufgabe übernimmt die Funktion mysqli_free_result(). Eine solche explizite Freigabe des Speicherplatzes ist nur nötig, wenn die Ergebnismenge groß ist und nachfolgend eine weitere SQL-Anfrage abgeschickt werden soll, denn PHP gibt den belegten Speicherplatz nach Ablauf eines Skripts automatisch wieder frei.

mysqli_close() schließt die Datenbankverbindung. Der Befehl ist optional, da die Datenbankverbindung automatisch bei Beendigung des Skripts geschlossen wird. Aber weil dadurch gebundene Ressourcen freigegeben werden, wird der Einsatz von mysqli_close() empfohlen.

MySQL Improved Extension (mysqli)

Die „MySQL Improved Extension" (mysqli) ist eine Schnittstelle von PHP zu MySQL. Diese Erweiterung von PHP liefert Funktionen, die Sie in PHP-Skripten für den Zugriff auf eine MySQL-Datenbank einbauen können. Die Übersicht zeigt eine Zusammenfassung der im Buch eingesetzten mysqli-Funktionen.

Zusammenfassung

mysqli-Funktion	Beschreibung
mysqli_connect()	Öffnet eine Verbindung zum MySQL-Server
mysqli_set_charset()	Setzt die Zeichenkodierung für den Datenaustausch zwischen PHP und MySQL
mysqli_query()	Sendet eine SQL-Anfrage
mysqli_error()	Liefert den Fehlertext zu der zuletzt ausgeführten MySQL-Anfrage
mysqli_affected_rows()	Liefert die Anzahl der von einer DELETE-, UPDATE- oder INSERT-Anfrage betroffenen Datensätze
mysqli_fetch_array()	Liest den aktuellen Datensatz aus der Ergebnismenge in ein Array
mysqli_free_result()	Gibt den von der Ergebnismenge beanspruchten Speicherplatz wieder frei
mysqli_close()	Schließt die Datenbankverbindung

7.3   Aufgaben

1 Erstellen Sie die PHP-Skripte zum Auslesen ...
a) der Genres („genre_lesen.php"),
b) der Vorführungen inklusive Ausgabe der Filmtitel („vorfuehrungen_lesen.php").

2 In einem Anzeigenmarkt können Inserenten Anzeigen aufgeben und einer Rubrik zuordnen.

Tabelle „anzeige"
- anzeigennr (PK)
- inserentennr (FK)
- anzeigentext

Tabelle „inserent"
- inserentennr (PK)
- vorname
- name

a) Erstellen Sie die beiden Tabellen „anzeige" und „inserent".
b) Fügen Sie Beispieldatensätze ein.
c) Erstellen Sie ein PHP-Skript „anzeigen_lesen.php", welches alle Anzeigen mit zugehörigem Inserenten (vorname, name) ausgibt.

7.4   Eigene Funktionen erstellen

Auftrag

Ein Kinomitarbeiter soll in ein Formular einen neuen Film mit Titel, Filmlänge, Erscheinungsjahr und zugehörigem Genre eintragen können. Die Eingaben sollen dann von dem PHP-Skript in die Datenbank geschrieben werden.

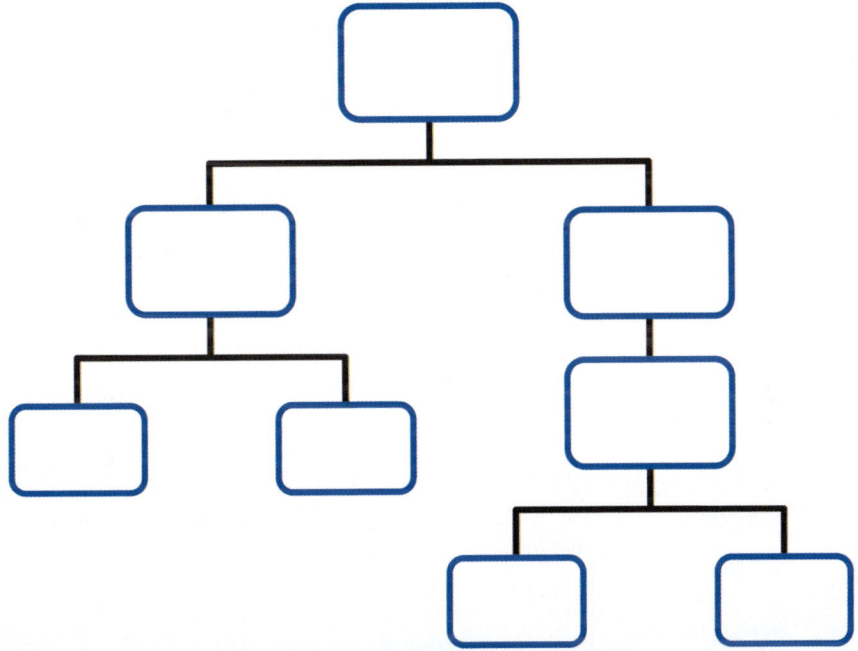

Zur Realisierung des Auftrags wird das PHP-Skript „mitarbeitereintrag_neuer_film.php" implementiert. Sie werden die eben erlernten mysqli-Funktionen zur Kommunikation mit der Datenbank nutzen und mit Arrays arbeiten. Da die Komplexität des Skripts um einiges höher ist als beim Skript „filme_lesen.php", werden Sie das Skript in selbst erstellte Funktionen unterteilen. Damit ist die Struktur des Skripts leichter nachzuvollziehen. Vorteile dieses Vorgehens sind:

- **Übersichtlichkeit:** Bei umfangreicheren Skripts erhöht sich durch die Strukturierung die Lesbarkeit. Die Funktionen können unabhängig voneinander implementiert werden. Schnittstellenbeschreibungen ermöglichen eine Arbeitsteilung.
- **Wiederverwendbarkeit:** Funktionen können in verschiedenen Projekten eingesetzt werden.
- **Unabhängige Tests:** Tests können vorbereitet werden und die Funktionen unabhängig voneinander getestet werden. In einem Integrationstest wird dann das Gesamtsystem getestet.
- **Strukturierung über Quelltextdateien:** Das Skript kann auf mehrere Quelltextdateien aufgeteilt werden.

Dem Kinomitarbeiter wird ein Formular zur Eingabe eines neuen Films angeboten. Nach dem Abschicken des Formulars werden die Eingaben in die Datenbank geschrieben, ein Hinweis wird ausgegeben und das Formular wird erneut aufgebaut:

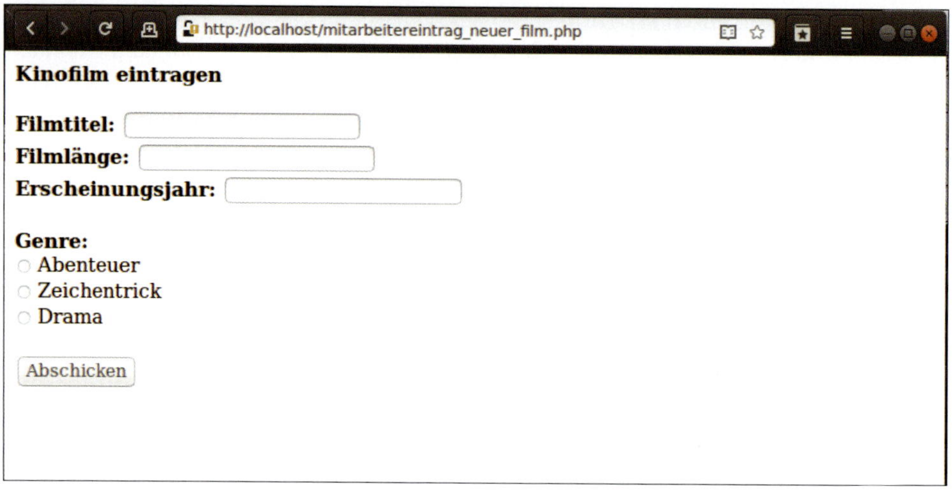

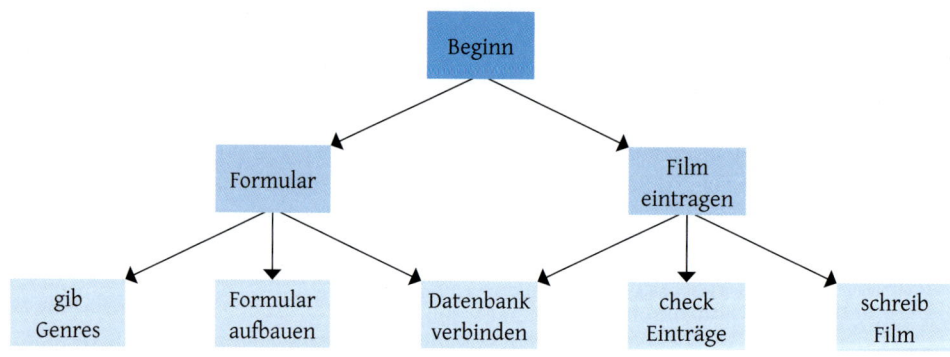

Abb. 7.2: Formular zur Eingabe eines neuen Films

Top-down-Verfahren

Der Auftrag wird Schritt für Schritt in kleinere Teilaufgaben untergliedert. Jede Teilaufgabe übernimmt eine bestimmte in sich abgeschlossene Aufgabe, die sie der übergeordneten Ebene als Dienst anbietet. Dieses Vorgehen wird als Top-down-Verfahren bezeichnet. Das Diagramm in Abbildung 7.3 verdeutlicht das Verfahren.

Abb. 7.3: Top-down-Verfahren

> **Beim Top-down-Verfahren wird eine komplexe Aufgabe in Teilaufgaben untergliedert.**

Jede Teilaufgabe bildet im PHP-Skript „mitarbeitereintrag_neuer_film.php" eine eigenständige Funktion:

mitarbeitereintrag_neuer_film.php

```php
<html>
<head><title>Kinocenter</title></head>
<body>
<?php
echo"<b>Kinofilm eintragen</b><br><br>";
if(isset($_GET['ausfuehren']))
  film_eintragen();
formular();

function film_eintragen()
{
  $verbindungskennung=datenbank_verbinden();
  if(check_eintraege())
    schreib_film($verbindungskennung);
}

function formular()
{
  $verbindungskennung=datenbank_verbinden();
  gib_genres($bezeichnung,$verbindungskennung);
    formular_aufbauen($bezeichnung);
}

function datenbank_verbinden()
{
  $db_server='localhost';
  $db_user='phpuser';
  $db_passwort='geheim';
  $db_name='kino';

  $db_verbindung=mysqli_connect($db_server,$db_user,$db_passwort,$db_name);
  if (!$db_verbindung)
    die("Der Server kann nicht erreicht werden.");
  mysqli_set_charset($db_verbindung,"utf8");
  return $db_verbindung;
}

function gib_genres(&$p_bezeichnung,$p_verbindungskennung)
{
  $query="SELECT bezeichnung FROM genre ORDER BY genreID";
  $ergebnis=mysqli_query($p_verbindungskennung,$query);
  $i=0;
  $p_bezeichnung=array();
  while($zeile=mysqli_fetch_array($ergebnis))
```

```php
  {
    $p_bezeichnung[$i]=$zeile['bezeichnung'];
    $i++;
  }
}

function formular_aufbauen($p_bezeichnung)
{
  ?>
  <form action="<?php echo $_SERVER[,PHP_SELF']?>" method="get">
  <b>Filmtitel:</b> <input type="text" name="titel"><br>
  <b>Filml&auml;nge:</b> <input type="text" name="filmlaenge"><br>
  <b>Erscheinungsjahr:</b> <input type="text" name="erscheinungsjahr
"><br><br>
  <b>Genre:</b><br>
  <?php
  for($i=0;$i<count($p_bezeichnung);$i++)
  {
    ?><input type="radio" name="genre"
            value="<?php echo $p_bezeichnung[$i]?>"><?php
    echo $p_bezeichnung[$i]."<br>";
  }
  ?>
  <br><input type="submit" name="ausfuehren" value="Abschicken">
  </form><br><br>
  <?php
}

function check_eintraege()
{
  if(empty($_GET['titel']))
  {
    echo"<b>Fehler! Sie haben keinen Film eingetragen.</b><br><br>";
    return false;
  }
  if(empty($_GET['filmlaenge']))
  {
    echo"<b>Fehler! Sie haben keine Filml&auml;nge eingegeben.</
b><br><br>";
    return false;
  }
  if(empty($_GET['erscheinungsjahr']))
  {
    echo"<b>Fehler! Sie haben kein Erscheinungsjahr eingegeben.</
b><br><br>";
    return false;
  }
```

```php
  if(!isset($_GET['genre']))
  {
    echo"<b>Fehler! Sie haben kein Genre gew&auml;hlt.</b><br><br>";
    return false;
  }
  return true;
}


function schreib_film($p_verbindungskennung)
{
  //genreID aus Datenbank holen
  $query=sprintf("SELECT genreID FROM genre WHERE bezeichnung='%s'",
                  $_GET['genre']);
  $ergebnis=mysqli_query($p_verbindungskennung,$query);
  $zeile=mysqli_fetch_array($ergebnis);
  $genreID=$zeile['genreID'];

  //Formulareingaben in Datenbank schreiben
  $query=sprintf("INSERT INTO film
                  SET titel='%s',
                      filmlaenge=%s,
                      erscheinungsjahr=%s,
                      genreID=$genreID",
                  $_GET['titel'],
                  $_GET['filmlaenge'],
                  $_GET['erscheinungsjahr']);
  $ergebnis=mysqli_query($p_verbindungskennung,$query);
  echo"Der Film wurde angelegt.<br><br>";
  mysqli_close($p_verbindungskennung);
}
?>
</body>
</html>
```

Einfacher Funktionsaufruf

Der PHP-Interpreter liest zunächst alle Funktionen. In den Codezeilen zu Beginn des Skripts

```php
if(isset($_GET['ausfuehren']))
  film_eintragen();
formular();
```

wird anhand der Variablen $_GET['ausfuehren'] überprüft, ob das Eingabeformular abgeschickt wurde. Ist dies der Fall, dann werden die Filmdaten abgespeichert. Die hier positionierten Anweisungen rufen die selbst definierten Funktionen film_eintragen() und formular() auf. Bei jedem Aufruf des Skripts – also auch nach Eintrag eines Films – wird das Eingabeformular von der Funktion formular() aufgebaut. Dem Kinomitarbeiter wird dadurch ermöglicht, mehrere Filme nacheinander einzugeben.

> **Eine Funktion wird durch ihren Namen aufgerufen. Bei einem Funktionsaufruf erfolgt die Anweisung in der Form funktionsname();.**

Der Funktionsaufruf lautet:

```
formular();
```

Der Funktionsname wird im Funktionskopf bei der Definition einer Funktion gesetzt. Der Funktionskopf ist:

```
function formular()
```

Beim Aufruf einer Funktion verzweigt der PHP-Interpreter in die Funktion, arbeitet die Anweisungen innerhalb der Funktion ab und kehrt dann zum Ausgangspunkt des Aufrufes zurück. Die Anweisungen bilden den Funktionskörper, der durch geschweifte Klammern umgrenzt ist:

```
function funktionsname()          ◄─── Funktionskopf
{
    Anweisung 1
    Anweisung 2                     } Funktionskörper
    Anweisung 3
    ...
}
```

Datenaustausch zwischen Funktionen

Eine Funktion ist in sich abgeschlossen. Innerhalb einer Funktion definierte Variablen sind nur lokal gültig, d. h. nur innerhalb der Funktion selbst. Eine Funktion hat keinen Zugriff auf die lokalen Variablen einer anderen Funktion. Es gibt auch globale Variablen, auf die von überall im Skript zugegriffen werden kann.

Sie haben schon die globalen Variablen $_GET oder $_SERVER kennengelernt. Weiter unten werden Sie in mehreren Beispielen sehen, dass Funktionen direkt auf den Inhalt global verfügbarer Variablen zugreifen können.

Für die lokalen Variablen wird erst beim Funktionsaufruf Speicherplatz reserviert. Die Lebensdauer einer lokalen Variablen ist begrenzt: Nach Ausführung der Funktion durch den PHP-Interpreter wird der von den lokalen Variablen reservierte Speicherplatz wieder freigegeben.

> **Globale Variablen sind im gesamten PHP-Skript verfügbar. Lokale Variablen sind nur innerhalb einer Funktion gültig.**

Es existieren unterschiedliche Möglichkeiten, um Daten mit Funktionen auszutauschen:

- **return:** Eine return-Anweisung liefert einen Rückgabewert an den Aufrufer (siehe Kapitel 7.5).

- **call by value:** Parameter sind als Wertübergabe definiert (siehe Kapitel 7.6).
- **call by reference:** Parameter sind als Referenzübergabe definiert (siehe Kapitel 7.7).

In den nächsten Abschnitten werden diese Punkte anhand des Skripts „mitarbeitereintrag_neuer_film.php" beschrieben.

7.5   return-Anweisung

Die Funktionen formular() und film_eintragen() rufen ihrerseits untergeordnete Funktionen auf. Sie nutzen beide die Funktion datenbank_verbinden():

```php
function formular()
{
  $verbindungskennung=datenbank_verbinden();
  gib_genres($bezeichnung,$verbindungskennung);
  formular_aufbauen($bezeichnung);
}

function film_eintragen()
{
  $verbindungskennung=datenbank_verbinden();
  if(check_eintraege())
    schreib_film($verbindungskennung);
}
```

Von der Funktion datenbank_verbinden() wird eine Verbindung zur Datenbank hergestellt. Die Funktion antwortet mit einer Datenbankverbindung. Diese Rückgabe wird der Variablen $verbindungskennung zugewiesen.

Der Funktionsaufruf lautet:

```php
$verbindungskennung=datenbank_verbinden();
```

In der Funktion datenbank_verbinden() befindet sich am Ende des Funktionskörpers eine return-Anweisung. Sie liefert die Datenbankverbindung an den Aufrufer:

```php
function datenbank_verbinden()
{
  $db_server='localhost';
  $db_user='phpuser';
  $db_passwort='geheim';
  $db_name='kino';

  $db_verbindung=mysqli_connect($db_server,$db_user,$db_
passwort,$db_name);
```

```
if (!$db_verbindung)
  die("Der Server kann nicht erreicht werden.");
mysqli_set_charset($db_verbindung,"utf8");
return $db_verbindung;
}
```

> Die **return**-Anweisung beendet sofort die Ausführung einer Funktion und gibt das Argument zurück, z.B. **return $db_verbindung;**.

7.6   Wertübergabe

Die Funktion film_eintragen() des Skripts „mitarbeitereintrag_neuer_film.php" ruft wiederum die Funktion schreib_film() auf.

Der Funktionsaufruf lautet:

```
schreib_film($verbindungskennung);
```

Der zugehörige Funktionskopf von schreib_film() definiert den einen Parameter ($p_verbindungskennung).

Der Funktionskopf ist:

```
function schreib_film($p_verbindungskennung)
```

> Im Funktionskopf können Parameter definiert werden. Beim Funktionsaufruf mit Wertübergabe werden Eingangswerte übergeben und in die Parameter kopiert.

Der Wert der Variablen $verbindungskennung wird beim Funktionsaufruf in den Parameter $p_verbindungskennung kopiert. Das p_ im Variablennamen soll betonen, dass es sich hierbei um einen Parameter handelt.

Der Parameter $p_verbindungskennung lässt sich genauso verwenden wie z.B. die lokale Variable $query innerhalb der Funktion schreib_film():

```
function schreib_film($p_verbindungskennung)
{
  //genreID aus Datenbank holen
  $query=sprintf("SELECT genreID FROM genre
                  WHERE bezeichnung='%s'",
                  $_GET['genre']);
  $ergebnis=mysqli_query($p_verbindungskennung,$query);
  $zeile=mysqli_fetch_array($ergebnis);
  $genreID=$zeile['genreID'];
```

```
//Formulareingaben in Datenbank schreiben
$query=sprintf("INSERT INTO film
               SET titel='%s',
                   filmlaenge=%s,
                   erscheinungsjahr=%s,
                   genreID=$genreID",
              $_GET['titel'],
              $_GET['filmlaenge'],
              $_GET['erscheinungsjahr']);
$ergebnis=mysqli_query($p_verbindungskennung,$query);
echo"Der Film wurde angelegt.<br><br>";
mysqli_close($p_verbindungskennung);
}
```

Eine Änderung des Werts der Variablen $p_verbindungskennung wirkt sich nicht auf die Ursprungsvariable $verbindungskennung aus. Es handelt sich um zwei verschiedene Variablen.

sprintf()

Die in obigem Code eingesetzte PHP-Funktion sprintf() „bastelt" eine Zeichenkette zusammen und weist sie einer Variablen zu, z.B. der Variablen $query:

```
$query=sprintf("SELECT genreID FROM genre
               WHERE bezeichnung='%s'",
              $_GET['genre']);
```

Die zu formatierende Zeichenkette

```
"SELECT genreID FROM genre WHERE bezeichnung='%s'"
```

setzt sich aus gewöhnlichen Zeichen und der Umsetzungsanweisung %s zusammen. Die Umsetzungsanweisung %s fügt an ihre Stelle jeweils eine weitere Zeichenkette ein. Sie wird der Variablen entnommen, die durch Komma getrennt der Funktion sprintf() übergeben wird (hier: $_GET['genre']). In der Funktionsreferenz (http://de.php.net/) sind weitere Umsetzungsanweisungen aufgeführt.

empty() und isset()

Die Funktion check_eintraege() überprüft, ob alle Formularfelder ausgefüllt wurden:

```
function check_eintraege()
{
  if(empty($_GET['titel']))
  {
    echo"<b>Fehler! Sie haben keinen Film eingetragen.</b><br><br>";
    return false;
  }
  if(empty($_GET['filmlaenge']))
```

```
  {
    echo"<b>Fehler! Sie haben keine Filml&auml;nge eingegeben.</
b><br><br>";
    return false;
  }
  if(empty($_GET['erscheinungsjahr']))
  {
    echo"<b>Fehler! Sie haben kein Erscheinungsjahr eingegeben.</
b><br><br>";
    return false;
  }
  if(!isset($_GET['genre']))
  {
    echo"<b>Fehler! Sie haben kein Genre gew&auml;hlt.</b><br><br>";
    return false;
  }
  return true;
}
```

Die PHP-Funktion empty() ermittelt, ob der Benutzer keine Zeichen in das entsprechende Textfeld eingegeben hat. Auch isset() ist eine vordefinierte PHP-Funktion. Sie erkennt, ob die ihr übergebene Variable überhaupt existiert.

Nun bleibt noch die Frage, wie das Formular den Radiobuttons die Genrebezeichnungen zugeordnet hat. Die Antwort findet sich im unten aufgeführten Quellcode der Funktion formular_aufbauen(). Eine Schleife generiert für jedes Genre einen Radiobutton. Die Beschriftung des Radiobuttons wird dem Array $p_bezeichnung entnommen:

```
function formular_aufbauen($p_bezeichnung)
{
  ?>
  <form action="<?php echo $_SERVER['PHP_SELF']?>" method="get">
  <b>Filmtitel:</b>
  <input type="text" name="titel"><br>
  <b>Filml&auml;nge:</b>
  <input type="text" name="filmlaenge"><br>
  <b>Erscheinungsjahr:</b>
  <input type="text" name="erscheinungsjahr"><br><br>
  <b>Genre:</b><br>
  <?php
  for($i=0;$i<count($p_bezeichnung);$i++)
  {
    ?><input type="radio" name="genre"
            value="<?php echo $p_bezeichnung[$i]?>"><?php
    echo $p_bezeichnung[$i]."<br>";
  }
  ?>
```

```
<br><input type="submit" name="ausfuehren" value="Abschicken">
</form><br><br>
<?php
}
```

7.7   Referenzübergabe

Die Besprechung der Funktion gib_genres() steht noch aus. Der Funktionsname gib_genres() deutet schon darauf hin, dass damit Ergebnisse zurückgegeben werden sollen. In den bisher besprochenen Funktionen haben Sie die return-Anweisung für die Rückgabe von Werten genutzt. Die return-Anweisung setzen Sie z. B. ein, wenn Sie einen Funktionsaufruf in einen Ausdruck einbinden wollen.

Die Funktion gib_genres() wird innerhalb der Funktion formular() aufgerufen. Zurückgeben soll sie die Bezeichnungen der Genres. Für den Zugriff auf die Datenbank wird der Funktion gib_genres() die Verbindungskennung mitgegeben.

Der Funktionsaufruf lautet:

```
gib_genres($bezeichnung,$verbindungskennung);
```

Der Funktionskopf ist:

```
function gib_genres(&$p_bezeichnung,$p_verbindungskennung)
```

Bei der Referenzübergabe wird der im Funktionskopf definierte Parameter zu einem Aliasnamen für die im Funktionsaufruf übergebene Variable. Beide verweisen auf die gleiche Speicherstelle. Eine Referenz wird über den &-Operator vereinbart. Nach Definition der Referenz lesen und schreiben beide Variablen aus dem bzw. in den gleichen Speicherplatz.

> **Eine Referenz ist ein zweiter Name für die Speicherstelle der eigentlichen Variablen. Sie wird im Funktionskopf mit dem &-Operator definiert.**

$bezeichnung wurde als Referenz übergeben: $bezeichnung und $p_bezeichnung sind zwei Bezeichnungen für ein und denselben Speicherplatz.

Damit ist klar, dass Veränderungen innerhalb der aufgerufenen Funktion sich auf die übergebenen Variablen des aufrufenden Codes auswirken. Anders ausgedrückt: Die Bezeichnung der Genres wird der aufrufenden Funktion als Ergebnis zurückgeliefert.

```
function gib_genres(&$p_bezeichnung,$p_verbindungskennung)
{
  $query="SELECT bezeichnung FROM genre ORDER BY genreID";
  $ergebnis=mysqli_query($p_verbindungskennung,$query);
  $i=0;
```

```
$p_bezeichnung=array();
while($zeile=mysqli_fetch_array($ergebnis))
{
    $p_bezeichnung[$i]=$zeile['bezeichnung'];
    $i++;
}
}
```

7.8   Verbindungsdaten auslagern und Fehlermeldungen unterdrücken

Am Beispiel des folgenden Ausschnitts werden Verbesserungen am PHP-Code vorgenommen:

```
...
$db_server='localhost';
$db_user='phpuser';
$db_passwort='geheim';
$db_name='kino';

$db_verbindung=mysqli_connect($db_server,$db_user,$db_passwort,$db_
name);
if (!$db_verbindung)
    die("Der Server kann nicht erreicht werden.");
mysqli_set_charset($db_verbindung,"utf8");
return $db_verbindung;
...
```

Verbindungsdaten auslagern

Die PHP-Funktion mysqli_connect() nimmt als Parameter das Datenbankpasswort im Klartext entgegen. Oben wurde das Passwort „geheim" direkt im PHP-Code in Klartext hinterlegt. Sicherer aber ist es, das Passwort in eine Datei außerhalb des Dokumentenverzeichnisses auszulagern.

Liegt das Passwort wie im obigen Beispiel direkt im PHP-Code, würde es bei nicht aktivem PHP-Modul des Webservers für einen Benutzer lesbar sein. Solch ein Fall kann eintreten, wenn der Server versehentlich ohne PHP-Modul startet und der Benutzer ein solches PHP-Skript aufruft. Dann wird der Quellcode des Skripts und somit das Passwort im Browser ausgegeben.

In der sichereren Variante werden die Verbindungsdaten in eine Include-Datei außerhalb des Dokumentenverzeichnisses ausgelagert, z. B. in das (anzulegende) Verzeichnis /var/www/phpinc/. Dateien außerhalb des Dokumentenverzeichnisses können nicht von einem Webbrowser aufgerufen werden.

Die Include-Datei „verbindungsdaten.inc" beinhaltet die Verbindungsdaten:

```php
<?php
$db_server='localhost';
$db_user='phpuser';
$db_passwort='geheim';
$db_name='kino';
?>
```

Die Include-Datei wird im abgeänderten Skript „mitarbeitereintrag_neuer_film.php" mit der PHP-Funktion include() eingebunden:

```php
...
include("/var/www/phpinc/verbindungsdaten.inc");

$db_verbindung=mysqli_connect($db_server,$db_user,$db_passwort,$db_
name);
if (!$db_verbindung)
  die("Der Server kann nicht erreicht werden.");
mysqli_set_charset($db_verbindung,"utf8");
return $db_verbindung;
...
```

Eine elegantere Lösung erweitert in der Konfigurationsdatei „php.ini" den include_path:

```ini
;;;;;;;;;;;;;;;;;;;;;;;;;;;;
; Paths and Directories ;
;;;;;;;;;;;;;;;;;;;;;;;;;;;;
;Linux:
include_path="/var/www/phpinc"
```

Da Sie den Pfad /var/www/phpinc/ in die Verzeichnisliste aufgenommen haben, können Sie die Datei „verbindungsdaten.inc" wie folgt im Skript „mitarbeitereintrag_neuer_film.php" ohne Pfadangabe inkludieren:

```php
include("verbindungsdaten.inc");
```

Fehlermeldungen unterdrücken

Das PHP-Skript soll eigene Fehlermeldungen, Warnungen und Hinweise ausgeben. Ein Benutzer sollte schließlich keine Warnmeldung zu sehen bekommen, wie sie z.B. von der PHP-Funktion mysqli_connect() automatisch ausgegeben wird (Abbildung 7.4).

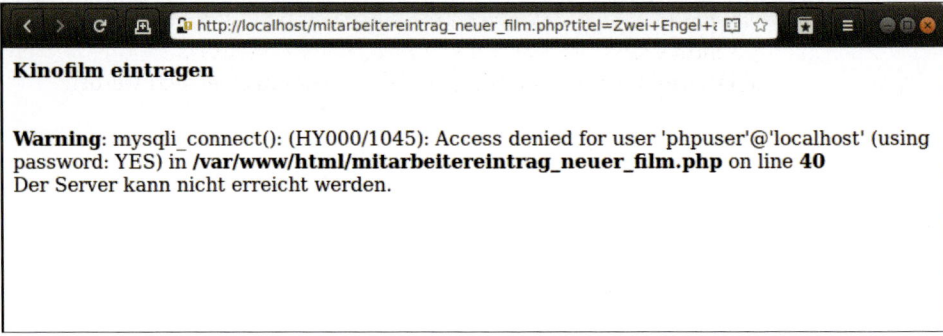

Abb. 7.4: Warnmeldung von mysqli_connect()

Während der Entwicklung der Webanwendung war die Ausgabe von Fehlertexten hilfreich. Die Einstellung display_errors=On in der Konfigurationsdatei „php.ini" bewirkt, dass eine von einer PHP-Funktion zurückgelieferte Fehlermeldung im Browser ausgegeben wird. In einer Produktionsumgebung sollte die Kontrolle über die ausgegebenen Texte aber in Ihrer Hand liegen. Haben Sie Webspace bei einem Provider gemietet, können Sie oftmals keine Änderungen an der Datei „php.ini" und damit an der Einstellung display_errors vornehmen. Um dennoch automatische Fehlermeldungen, Warnungen und Hinweise von Funktionen zu unterdrücken, setzen Sie ein @-Zeichen vor den Funktionsaufruf:

```
...
include("/var/www/phpinc/verbindungsdaten.inc");

$db_verbindung=@mysqli_connect($db_server,$db_user,$db_passwort,$db_
name);
if (!$db_verbindung)
   die("Der Server kann nicht erreicht werden.");
mysqli_set_charset($db_verbindung,"utf8");
return $db_verbindung;
...
```

Nur die selbst formulierte Fehlermeldung erscheint, wenn die Verbindung zur Datenbank fehlschlägt:

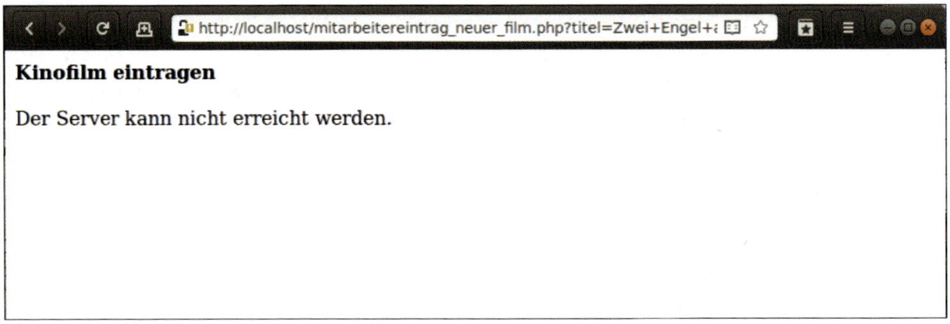

Abb. 7.5: Selbst formulierte Fehlermeldung

Der Benutzer erhält somit keine detaillierten Auskünfte über z.B. den Aufbau der Datenbank. Auch die während der Entwicklungsarbeit hilfreichen Auskünfte von mysqli_error() sollten in der Produktionsumgebung durch eigene Fehlermeldungen ersetzt werden:

```
...
$query="SELECT bezeichnung FROM genre ORDER BY genreID";
$ergebnis=@mysqli_query($p_verbindungskennung,$query);
if(!$ergebnis)
   die("Ein Fehler ist aufgetreten. Bitte kontaktieren Sie admin@example.com.");
...
```

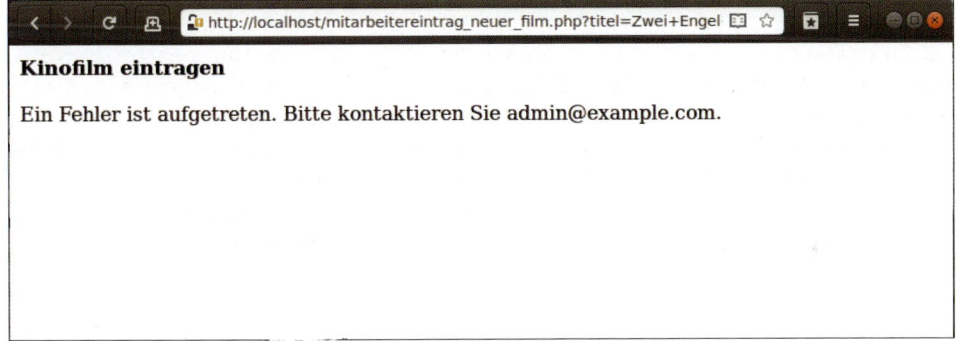

Abb. 7.6: Selbst definierte Fehlermeldung in einer Produktionsumgebung

7.9   Die Datenbank bereinigen

Auftrag

Vorführungen, die älter als 14 Tage sind, sollen aus der Datenbank gelöscht werden. Dieser Vorgang soll täglich automatisch vonstattengehen.

Cronjobs

Um dies zu erreichen, kann z.B. ein mit diesem Job beauftragter Mitarbeiter täglich einmal das entsprechende PHP-Skript aufrufen. Das Skript enthält einen DELETE-Befehl zum Löschen älterer Vorführungen. Eleganter geht es mit der hier vorgestellten Möglichkeit: Man richtet einen Cronjob auf einem Linux-Server ein. Ein Cronjob führt zu festgelegten Zeiten eine Aufgabe aus, z.B. den Aufruf eines PHP-Skripts.

Typische Aufgaben, die von einem Cronjob ausgeführt werden, sind:

· Datenbanken bereinigen
· Datenbanksicherungen durchführen
· E-Mails oder Newsletter versenden

Cronjobs sollten zu Zeiten ausgeführt werden, zu denen die Webseite wenig besucht ist. Durch die Abarbeitung von PHP-Skripten und ggf. Datenbankabfragen kann der Webserver stark ausgelastet sein.

Die Verwaltung von Cronjobs können Sie der Linux-Dokumentation entnehmen. Sehr praktisch sind Server im Internet, die man (je nach Anzahl der Cronjobs auch kostenlos) mit solchen Cronjobs beauftragen kann. Wenn Sie die Webseite bei einem Provider hosten, werden Ihnen Cronjobs zur Verfügung gestellt.

> **Ein Cronjob führt zu vorgegebenen Zeitpunkten wiederkehrende Aufgaben automatisch aus.**

Das aufzurufende PHP-Skript sendet einen DELETE-Befehl an die Datenbank:

loesch_alte_vorfuehrungen.php

```php
<html>
<head><title>Kinocenter</title></head>
<body>
<?php
include("verbindungsdaten.inc");

//mit der Datenbank verbinden
$verbindung=@mysqli_connect($db_server,$db_user,$db_passwort,$db_name);
if (!$verbindung)
  die("Der Server kann nicht erreicht werden.");

//Vorfuehrungen, die aelter als 14 Tage sind, loeschen
$query="DELETE FROM vorfuehrung
        WHERE termin<DATE_SUB(CURDATE(),INTERVAL 14 DAY)";
$ergebnis=@mysqli_query($verbindung,$query);
if(!$ergebnis)
  die("Ein Fehler ist aufgetreten. Bitte kontaktieren Sie admin@example.com.");
echo @mysqli_affected_rows($verbindung)." Vorf&uuml;hrungen wurden gel&ouml;scht.";
@mysqli_close($verbindung);
?>
</body>
</html>
```

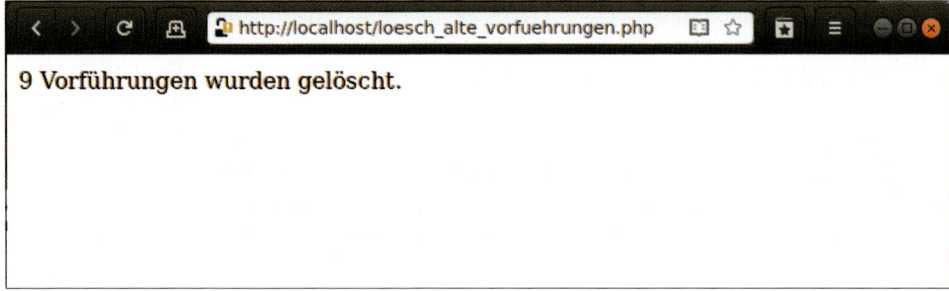

Abb. 7.7: Aufruf und Ausgabe des Skripts „loesch_alte_vorfuehrungen.php"

mysqli_affected_rows()

Gelöscht werden alle Vorführungen, die älter als 14 Tage sind. Mit mysqli_affected_rows() wird ermittelt, wie viele Vorführungen aus der Tabelle gelöscht wurden.

Die PHP-Funktion mysqli_affected_rows() gibt die Anzahl der von einer DELETE-, UPDATE- oder INSERT-Anfrage betroffenen Datensätze zurück.

7.10   Aufgaben

1   Eine Apotheke möchte den Service für ihre Kunden ausbauen. Es soll ein PHP-Skript zur Berechnung des Body-Mass-Index (BMI) erstellt werden. Die Formel zur Berechnung des BMI lautet:

$$BMI = \frac{Masse}{Länge^2}$$

Die Masse (Körpergewicht) wird in Kilogramm und die Länge (Körpergröße) in Metern in die Formel eingegeben. Die BMI-Formel gilt sowohl für Frauen als auch für Männer. An das PHP-Skript werden folgende Anforderungen gestellt:
- Formulareingabe der Körpergröße in cm und des Körpergewichts in kg
- Berechnung des Body-Mass-Index (BMI)
- Ausgabe der Benutzereingaben und des errechneten BMI sowie Einstufung in eine Kategorie mit erneutem Aufbau des Formulars

Kategorien (üblicherweise wird der BMI ohne Einheiten angegeben):

Kategorie	Bezeichnung
BMI < 18,5	Untergewicht
18,5 ≤ BMI < 25,0	Normalgewicht
25,0 ≤ BMI < 30,0	Leichtes Übergewicht
30,0 ≤ BMI < 40,0	Starkes Übergewicht
BMI ≥ 40,0	Extremes Übergewicht

Das Skript „bmi.php" ruft die drei Funktionen formular(), bmi_berechnen() und aus-gabe() auf. Die von der Funktion bmi_berechnen() zurückgegebenen Ergebnisse „BMI" und „Kategorie" werden dann beide der Funktion ausgabe() übergeben.

a) Legen Sie die Parameter (Wertübergabe oder Referenzübergabe) und ggf. die Rück-gabe mit return für alle drei Funktionen fest.
b) Erstellen Sie die Schnittstellenbeschreibungen.
c) Implementieren Sie die drei Funktionen.
d) Rufen Sie die drei Funktionen im PHP-Skript „bmi.php" auf.

2 Ein PHP-Skript „leihen.php" soll innerhalb einer Bücherverwaltung den Leihvorgang in die Datenbank übertragen. Ein Büchereiangestellter gibt in ein Formular die Aus-leiherID und die Buchnummer ein. Das Skript überprüft, ob der Ausleiher existiert. Weiterhin wird sichergestellt, dass das Buch existiert und nicht entliehen ist.

Beim Eintrag in die Datenbank wird das Entleih- und Rückgabedatum gesetzt. Das Rückgabedatum ergibt sich, indem zum Entleihdatum 30 Tage hinzuaddiert werden. Folgende Tabellen (Ausschnitt aus Datenbank) sind betroffen:

Tabelle „buch"	Tabelle „ausleiher"	Tabelle „leiht"
• Buchnummer (PK)	• AusleiherID (PK)	• leihtID (PK)
• entliehen	• Name	• Buchnummer (FK)
• Bemerkung	• Vorname	• AusleiherID (FK)
• Regal	• Straße mit Hausnummer	• Entleihdatum
• ISBN (FK)	• PLZ	• Rueckgabedatum
	• Ort	

a) Unterteilen Sie die Aufgabe mittels des Top-down-Verfahrens in Teilaufgaben.
b) Übertragen Sie die Teilaufgaben in Funktionen und legen Sie die Parameter (Wert-übergabe oder Referenzübergabe) und ggf. die Rückgabe mit return für alle Funkti-onen fest.
c) Erstellen Sie die Schnittstellenbeschreibungen.
d) Implementieren Sie die Funktionen.
e) Rufen Sie die Funktionen entsprechend der Anforderungsdefinition im PHP-Skript „leihen.php" auf.
f) Die Aufgabenstellung wird erweitert. Bevor ein Buch entliehen werden kann, ist noch zu überprüfen, ob der Ausleiher zuvor entliehene Bücher schon hätte zurück-geben müssen. Die gefundenen Bücher sind auszugeben.

8 Das Projekt „Kinocenter" – Kinofilme kommentieren

8.1 Erstellen der PHP-Anwendung

Auftrag

Nach dem Kinobesuch können die Besucher des Kinocenters die Filme auf der Webseite kommentieren. Bevor jedoch ein Kommentar auf der Webseite öffentlich erscheint, ist er von einem Online-Redakteur des Kinocenters freizugeben.

Für die Umsetzung der Anforderungen sind folgende Dinge zu erstellen:

- eine MySQL-Tabelle für die Kommentare
- eine HTML-Datei zur Formulareingabe und ein PHP-Skript für die Speicherung der Kommentare
- ein PHP-Skript für die Ausgabe der Kommentare zu einem Kinofilm

Es wird die Tabelle „kommentar" mit folgenden Spalten erstellt:

- **„kommentarID":** Eindeutige ID eines Kommentars
- **„name":** Name des Erstellers
- **„kommentartext":** Der Kommentar zu einem Kinofilm
- **„filmID":** ID des Films, der kommentiert wird
- **„freigegeben":** Ein Kommentar ist zunächst von einem Online-Redakteur des Kinocenters freizugeben

```
mysql> CREATE TABLE kommentar(
    -> kommentarID INT NOT NULL AUTO_INCREMENT,
    -> name CHAR(50),
    -> kommentartext VARCHAR(500),
    -> filmID INT NOT NULL,
    -> freigegeben ENUM('false','true') DEFAULT 'false',
    -> PRIMARY KEY(kommentarID),
    -> INDEX IX_kommentiert (filmID),
    -> FOREIGN KEY(filmID) REFERENCES film (filmID)
    -> ON DELETE CASCADE
    -> ON UPDATE CASCADE);
```

```
Query OK, 0 rows affected (0.60 sec)
```

```
mysql> DESCRIBE kommentar;
```

```
+---------------+----------------------+------+-----+---------+----------------+
| Field         | Type                 | Null | Key | Default | Extra          |
+---------------+----------------------+------+-----+---------+----------------+
| kommentarID   | int(11)              | NO   | PRI | NULL    | auto_increment |
| name          | char(50)             | YES  |     | NULL    |                |
| kommentartext | varchar(500)         | YES  |     | NULL    |                |
| filmID        | int(11)              | NO   | MUL | NULL    |                |
| freigegeben   | enum('false','true') | YES  |     | false   |                |
+---------------+----------------------+------+-----+---------+----------------+
5 rows in set (0.00 sec)
```

ENUM

Beim Spaltentyp ENUM können nur solche Werte angenommen werden, die explizit in der Liste angegeben sind – hier also die Zeichenketten *false* und *true*. Damit zunächst alle Kommentare als nicht freigegeben gelten, wird mit DEFAULT der Wert *false* voreingestellt.

film_kommentieren.html

```html
<html>
<head><title>Kinocenter</title></head>
<body>
<b>Yellowstone River</b><br><br>
Ihr Kommentar zum Film<br><br>
<form action="./kommentar_speichern.php" method="post">
Name:
<input type="text" name="name" size="20"><br>
Kommentar:<br>
<textarea name="kommentar" cols="50" rows="4"></textarea><br>
<input type="submit" value="Abschicken">
</form>
</body>
</html>
```

textarea

Im oben stehenden HTML-Formular kam für das Kommentarfeld ein neues Element zum Einsatz: das Eingabefeld textarea (Abbildung 8.1). Darin kann ein beliebig langer Text eingegeben werden. Solche Felder kommen dann zum Einsatz, wenn der Benutzer mehr als eine Zeile eingeben soll. Bei der Definition des Feldes wurden die Breite (cols=„50") und die Zeilenzahl (rows=„4") angegeben:

```html
<textarea name="kommentar" cols="50" rows="4"></textarea><br>
```

Bei der Übermittlung von Formulareingaben in Textfeldern bietet sich die Methode POST an:

```
<form action="./kommentar_speichern.php" method="post">
```

Abb. 8.1: HTML-Formular mit Kommentarfeld vom Typ textarea

kommentar_speichern.php

```php
<html>
<head><title>Kinocenter</title></head>
<body>
<?php
echo"<b>Yellowstone River</b><br><br>";

$db_server='localhost';
$db_user='phpuser';
$db_passwort='geheim';
$db_name='kino';

$filmID=42; //ID zum Film "Yellowstone River"

$db_verbindung=mysqli_connect($db_server,$db_user,$db_passwort,$db_
name);
if (!$db_verbindung)
  die("Der Server kann nicht erreicht werden.");
mysqli_set_charset($db_verbindung,"utf8");

//Formulareingaben in Datenbank schreiben
$query=sprintf("INSERT INTO kommentar
                SET name='%s',
                    kommentartext='%s',
                    filmID=$filmID",
                $_POST['name'],
                $_POST['kommentar']);
```

```
$ergebnis=mysqli_query($db_verbindung,$query);
echo"Vielen Dank! Ihr Kommentar zum Film wird
gepr&uuml;ft.<br><br>";
mysqli_close($db_verbindung);
?>
</body>
</html>
```

Mit diesem PHP-Skript wird der Kommentar zum Film „Yellowstone River" abgespeichert. Die filmID 42 wurde hier der Einfachheit halber im Skript vorgegeben. Alternativ hätte man sie auch aus der Datenbank lesen können.

Abb. 8.2: Rückmeldung nach Abspeichern des Kommentars

Der Kommentar wurde in der Datenbank abgespeichert, aber noch nicht freigegeben. Beim Anlegen der Tabelle „kommentar" wurde der Default-Wert für die Spalte „freigegeben" auf *false* gesetzt.

```
mysql> SELECT * FROM kommentar;

+-------------+---------+-----------------+--------+-------------+
| kommentarID | name    | kommentartext   | filmID | freigegeben |
+-------------+---------+-----------------+--------+-------------+
|           1 | Andreas | fesselnder Film |     42 | false       |
+-------------+---------+-----------------+--------+-------------+
1 row in set (0.00 sec)
```

Ein Kommentar kann von einem Kinomitarbeiter im Redaktionsbereich freigegeben werden. Hierzu muss er sich zunächst einloggen. Das nächste Kapitel zeigt, wie ein solches Login-System programmiert wird.

8.2   Login-System mit Sessions

Auftrag

Ein Login-System soll den Zugang zum Redaktionsbereich des Kinocenters kontrollieren.

Nur der Online-Redakteur kann sich für den Redaktionsbereich anmelden. Da das HTTP-Protokoll verbindungslos ist, wird vom Webserver jede HTTP-Anfrage isoliert betrachtet. Der Webserver muss sich also „merken", dass sich der Online-Redakteur im Redaktionsbereich angemeldet hat. Für derartige Anforderungen bietet PHP Sessions.

> **Zusammenhängende Seitenaufrufe werden zu einer Session zusammengefasst. Eine Session speichert Daten, die über mehrere Seiten beizubehalten sind, in Session-Variablen.**

Einer Session wird eine eindeutige Session-ID zugeordnet. Sie wird entweder benutzerseitig in einem Cookie gespeichert oder im Querystring der URL von Seite zu Seite gereicht. Für das folgende Login-System wurde die Lösung mit Cookies gewählt. Dafür muss auf dem Webserver in der Konfigurationsdatei „php.ini" die Einstellung session.use_cookies = On gesetzt sein.

Abbildung 8.3 zeigt einen auf dem Clientrechner vom Login-System hinterlegten Cookie. Im Feld „Value" sehen Sie die unter dem Namen PHPSESSID abgespeicherte Session-ID:

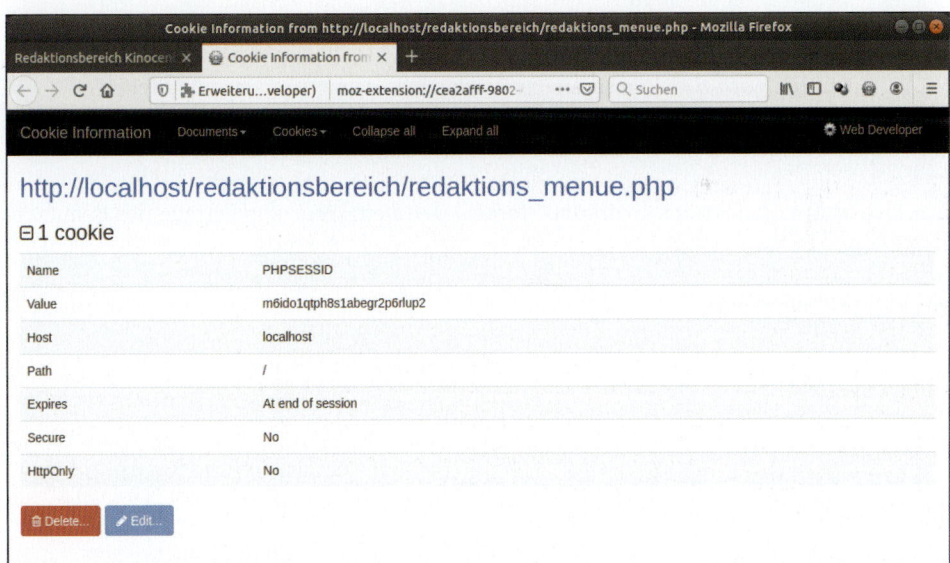

Abb. 8.3: In einem Cookie hinterlegte Session-ID

Gleichzeitig werden auf dem Webserver unter dieser Session-ID Variablen gespeichert, die über mehrere Seiten beibehalten werden sollen. Der Browser übermittelt dem Webserver die im Cookie hinterlegte Session-ID automatisch bei jeder HTTP-Anfrage. Dieser kann dann auf die unter der Session-ID zwischengespeicherten Session-Variablen zugreifen.

Soll ein PHP-Skript Teil einer Session sein, ist zu Beginn die Funktion session_start() aufzurufen. PHP durchsucht daraufhin die COOKIE-Variablen nach einer überreichten Session-ID. Wird keine gültige Session-ID gefunden, startet PHP eine neue Session. Im Array $_SESSION stehen die zu der Session-ID gehörigen Session-Variablen für die weitere Bearbeitung bereit. Ein PHP-Skript kann in diesem Array Werte hinterlegen, die dann anderen, zur gleichen Session gehörenden Skripten zur Verfügung stehen. Eine aktuelle Session kann beendet werden, indem die Funktion session_destroy() aufgerufen wird.

Das Login-System startet bei erfolgreicher Überprüfung der Login-Daten eine Session und speichert in der Session-Variablen $_SESSION['redakteur'] den Benutzernamen des Online-Redakteurs. Diese Session-Variable wird herangezogen, um sich den Benutzernamen des Online-Redakteurs für die Ausgabe im Redaktionsmenü zu merken. Das Login-System nutzt diese Session-Variable des Weiteren, um zu erkennen, ob der Benutzer angemeldet ist. Nur wenn vorher ein erfolgreiches Login stattgefunden hat, wurde diese Session-Variable mit einem Wert belegt.

Die Aufgaben der Skripte des Login-Systems sind im Einzelnen:

- **„redaktions_login.php":** Baut das Login-Formular auf und ruft „login_check.php" auf.
- **„login_check.php":** Überprüft die Login-Daten. Entweder wird eine Session gestartet und „redaktions_menue.php" aufgerufen oder – bei abgelehnten Login-Daten – erneut „redaktions_login.php" aufgerufen.
- **„session.inc.php":** Die Include-Datei wird von jeder Redaktionsseite eingebunden, um zu überprüfen, ob der Benutzer eingeloggt ist.
- **„logout.php":** Wird zum Zerstören der Session und damit zum Logout aufgerufen.
- **„redaktions_menue.php":** Baut das Menü für den Online-Redakteur auf – falls der Redakteur eingeloggt ist. Ein Logout-Link ist mit „logout.php" verlinkt.

Das PHP-Skript „redaktions_login.php" fordert den Redakteur zur Eingabe des Benutzernamens und Passworts auf:

redaktions_login.php

```
<html>
<head><title>Redaktionsbereich Kinocenter</title></head>
<body>
<?php
//wurde ein Login-Versuch abgewiesen?
if ($_GET['abgewiesen']=='true')
  echo "Anmeldung fehlgeschlagen!<br><br>";
?>
<b>Login Redaktionsbereich</b><br><br>
<form action="./login_check.php" method="post">
  Redakteur: <input type="text" name="redakteur"><br>
```

```
  Passwort: <input type="password" name="passwort"><br>
  <input type="submit" value="Login">
</form>
</body>
</html>
```

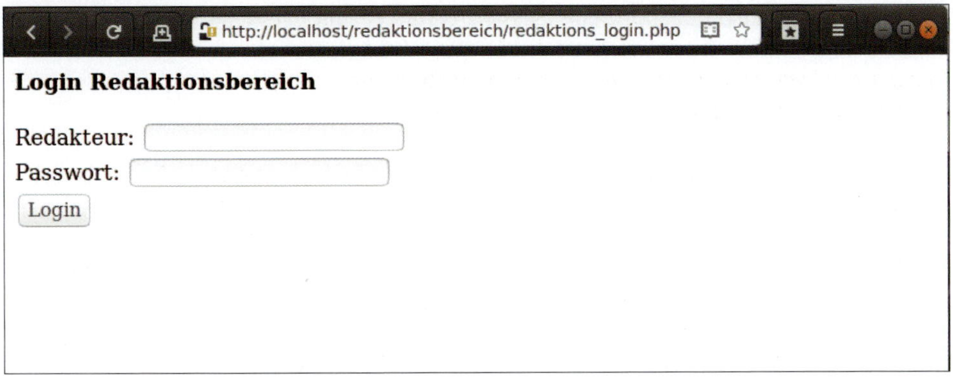

Abb. 8.4: Login-Formular für den Redaktionsbereich

Wurde vorab schon ein Login-Versuch abgewiesen, erscheint die Meldung „Anmeldung fehlgeschlagen!". Die Variable $\_GET['abgewiesen']$ entspringt dann dem PHP-Skript „login_check.php". Das Login-Formular beauftragt das Skript „login_check.php" mit der Überprüfung der Benutzereingaben.

login_check.php

```php
<?php
//Logindaten ueberpruefen
if($_POST['redakteur']=="red" && $_POST['passwort']=="redpass")
{
  //falls Login erfolgreich, wird eine Session gestartet und
  //der Name des Redakteurs gespeichert
  session_start();
  $_SESSION['redakteur']=$_POST['redakteur'];

  //umleiten zur Seite redaktions_menue.php
  header('Location: ./redaktions_menue.php');
}
else
{
  //falls Login nicht erfolgreich, wird die Login-Seite
  //mit der Information, dass der Login abgewiesen wurde,
  //erneut aufgerufen
  header('Location: ./redaktions_login.php?abgewiesen=true');
}
?>
```

Zunächst werden in „login_check.php" die Benutzereingaben mit den Zeichenketten „red" und „redpass" verglichen. Sollen mehrere Redakteure Zugang zum Redaktionsbereich erhalten, können Sie die Benutzernamen und Passwörter der Redakteure in der Datenbank „kino" in einer gesonderten Tabelle hinterlegen. Das Skript würde dann überprüfen, ob die Login-Eingaben einem Eintrag in der Datenbank entsprechen.

War der Login erfolgreich, wird eine Session gestartet und der Name des Redakteurs in einer Session-Variablen gespeichert. Der Browser wird mit header('Location: ./redaktions_menue.php') auf das Skript „redaktions_menue.php" umgeleitet. Andernfalls erfolgt die Umleitung auf „redaktions_login.php" mit dem Vermerk abgewiesen=true.

Jede Redaktionsseite bindet mit dem ersten PHP-Befehl die Include-Datei „session.inc.php" ein:

session.inc.php

```php
<?php
//die Include-Datei session.inc.php wird von jeder
//Redaktionsseite eingebunden

session_start();

//falls die Seite ohne Login aufgerufen wurde, wird die
//Session abgebrochen
if (empty($_SESSION['redakteur']))
{
  session_destroy();
  die("Bitte melden Sie sich zun&auml;chst an.");
}
?>
```

Mit session_start() wird nach einer bestehenden Session-ID gesucht. Ist die Session-Variable $_SESSION['redakteur'] leer, dann wurde die Seite ohne Login aufgerufen. In diesem Fall wird die eben vom Skript neu angelegte Session mit session_destroy() gelöscht. Ein Hinweis wird ausgegeben.

Das Skript „logout.php" wird von „redaktions_menue.php" (s. u.) aufgerufen. Um die Session zu zerstören und damit den Redakteur auszuloggen, ist zunächst mit session_start() die Session-ID zu identifizieren. Nachdem die Session mit session_destroy() gelöscht wurde, wird der Browser auf das Login-Formular umgeleitet.

logout.php

```php
<?php
session_start();
session_destroy();
header("Location: redaktions_login.php");
?>
```

Bevor das Menü vom PHP-Skript „redaktions_menue.php" aufgebaut wird, wird mit dem Einbinden von „session.inc.php" überprüft, ob sich der Redakteur angemeldet hat. Die vom Redaktionsmenü aus erreichbaren Redaktionsseiten inkludieren ebenfalls „session.inc. php".

Mit require wird, ebenso wie mit include, die angegebene Datei eingebunden. Der Unterschied ist, dass require bei einem Fehler innerhalb der einzubindenden Datei die Programmausführung stoppt.

redaktions_menue.php

```php
<?php
require "./session.inc.php";
?>
<html>
<head><title>Redaktionsbereich Kinocenter</title></head>
<body>
<b>Men&uuml; Redaktionsbereich</b><br><br>
Redakteur: <?php echo"{$_SESSION['redakteur']} ";?>
<a href="./logout.php">[Logout]</a><br><br>
<a href="./kommentar_freigeben.php">Kommentar freigeben</a><br>
<a href="./film_eintragen.php">Neuen Film eintragen</a><br>
<a href="./film_aendern.php">Film &auml;ndern</a><br>
<a href="./filmprogramm_erstellen.php">Filmprogramm erstellen</a><br>
<a href="./filmprogramm_editieren.php">Filmprogramm editieren</a><br>
<a href="./neues_genre_anlegen.php">Neues Genre anlegen</a><br>
</body>
</html>
```

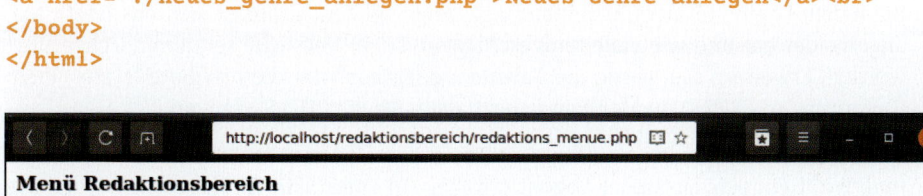

Abb. 8.5: Passwortgeschütztes Redaktionsmenü

8.3   Aufgaben

1   Es sollen die Mehrwertsteuer in Euro und der Bruttopreis eines Artikels berechnet werden. Der Benutzer gibt auf der Seite „nettoeingabe.html" den Nettopreis des Artikels ein. Im Formular auf der aufgerufenen Seite „mwst_wahl.php" wählt der Benutzer zwischen den Mehrwertsteuersätzen 7 % und 19 %. Die Seite „bruttoausgabe.php" führt die Berechnungen durch und gibt die Ergebnisse aus.
Übergeben Sie den Nettopreis in einer Session-Variablen von „mwst_wahl.php" nach „bruttoausgabe.php".

2   Realisieren Sie folgenden einfachen Online-Shop: Der Kunde wählt auf der Seite „einkaufsliste.php" aus einer Liste (Checkboxen) die gewünschten Artikel (die Bestellmenge kann nicht geändert werden). Auf der nächsten Seite „anschrift.php" gibt der Kunde seine Anschrift ein. Bevor der Bestellvorgang abgeschlossen wird, erhält der Kunde auf der Seite „bestaetigung.php" eine Zusammenfassung seiner Eingaben und die Möglichkeit, den Bestellvorgang abzuschließen. Die Benutzereingaben werden in der Datenbank „onlineshop" abgespeichert.
a) Entwerfen Sie die notwendige Datenbankstruktur.
b) Erstellen Sie die PHP-Skripte. Nutzen Sie zur Lösung Sessions.

Die folgenden drei Aufgaben beziehen sich auf das Login-System aus Kapitel 8.2 und bauen aufeinander auf:

3   Im PHP-Skript „login_check.php" werden die Benutzereingaben lediglich mit den Zugangsdaten des Redakteurs „red" verglichen. Jetzt soll mehreren Online-Redakteuren Zugang zum Redaktionsbereich gewährt werden. Die Zugangsdaten werden in einer neuen Tabelle „redakteur" in der Datenbank „kino" hinterlegt. Das PHP-Skript überprüft, ob ein passender Eintrag zu den Benutzereingaben in der Tabelle vorhanden ist.

4   Bei jedem Login soll dem Redakteur angezeigt werden, wann er sich das letzte Mal angemeldet hat und wie viele fehlgeschlagene Login-Versuche seitdem durchgeführt wurden. Erweitern Sie hierzu die Tabelle „redakteur" um die Attribute letzter_login (Datentyp DATETIME) und fehlversuche. Passen Sie die PHP-Skripte an.

5   Da einige Redakteure regelmäßig vergessen, sich abzumelden, soll nach 20 Minuten Inaktivität ein automatischer Logout erfolgen. In einer Session-Variablen werden das Datum und die Uhrzeit abgespeichert. Ruft ein Benutzer eine Redaktionsseite auf, wird vorab überprüft, ob seit dem letzten Aufruf 20 Minuten vergangen sind. Ist dies der Fall, wird automatisch das Skript „logout.php" aufgerufen.

8.4   Absichern der Anwendung gegen Angriffe

Auftrag

Die Webseiten und die Datenbank des Kinocenters sollen gegen Angriffe abgesichert werden. Alle Formulareingaben sind zu überprüfen und dürfen erst dann in die Datenbank geschrieben und im Webbrowser ausgegeben werden.

Bisher wurden Sicherheitsüberlegungen beim Umgang mit Formulareingaben vernachlässigt. Von Daten, die ein PHP-Skript über
das Internet empfängt, geht jedoch grundsätzlich eine Gefahr aus.

Als Beispiel wird das Kommentieren von Filmen durch Kinobesucher gewählt. Die Benutzereingaben könnten von Angreifern manipuliert werden, z. B., indem sie eine clientseitige Skriptsprache
wie JavaScript einsetzt.

JavaScript

JavaScript erweitert die Funktionalitäten von HTML. Die Codezeilen von JavaScript befin-
den sich innerhalb des HTML-Codes. Das JavaScript wird vom Webbrowser ausgeführt. Dem
Webbrowser ermöglicht das, unmittelbar auf Benutzeraktionen reagieren zu können. PHP-
Skripte hingegen laufen auf dem Webserver. Damit ergänzen sich die beiden Skriptsprachen
JavaScript und PHP.

Funktionalitäten von JavaScript sind:

- Benutzereingaben lassen sich direkt auf dem Client überprüfen, noch vor der Über-
tragung zum Server.
- Eingaben werden im HTML-Formular ergänzt, z. B. um Suchvorschläge.
- Während des Besuchs können dem Benutzer Dialogfenster eingeblendet werden.
- Daten können zum Webserver gesendet oder von ihm empfangen werden, ohne dass die
komplette HTML-Seite neu übertragen werden muss.

> **JavaScript ist eine Skriptsprache. Sie wird nicht auf dem Webserver, sondern im
> Webbrowser auf dem Rechner des Nutzers ausgeführt.**

Cross-Site Scripting

Liest ein Benutzer die Kommentare zu einem Film, entstammen diese der Datenbank. Dort
sind sie über eine Formulareingabe des Kinobesuchers hineingekommen. Der Verfasser des
Kommentars könnte nun ein Angreifer sein, der bösartigen Quelltext in das Formularfeld
geschrieben hat, z. B. als JavaScript. Ein solches Angriffsmuster nennt man Cross-Site Scripting (XSS).

Mittels Cross-Site Scripting könnte der Angreifer ...

- Inhalte einer Webseite ändern,
- die Darstellung einer Webseite „zerstören“,
- den Rechner des Nutzers mit Viren, Trojanern oder eigener Software infizieren,
- eine Benutzersitzung übernehmen oder
- Besucher auf schadhafte Seiten umleiten.

> **Beim Cross-Site Scripting wird Formulareingaben bösartiger Quelltext hinzuge-
> fügt.**

Das Grundprinzip wird im Folgenden am Beispiel eines Fensters, das im Browser geöffnet wird, verdeutlicht. Der Angreifer gibt im Eingabefeld einen Kommentar ein, der JavaScript enthält:

```
<script type="text/javascript">alert("Webseite gehackt!")</script>
```

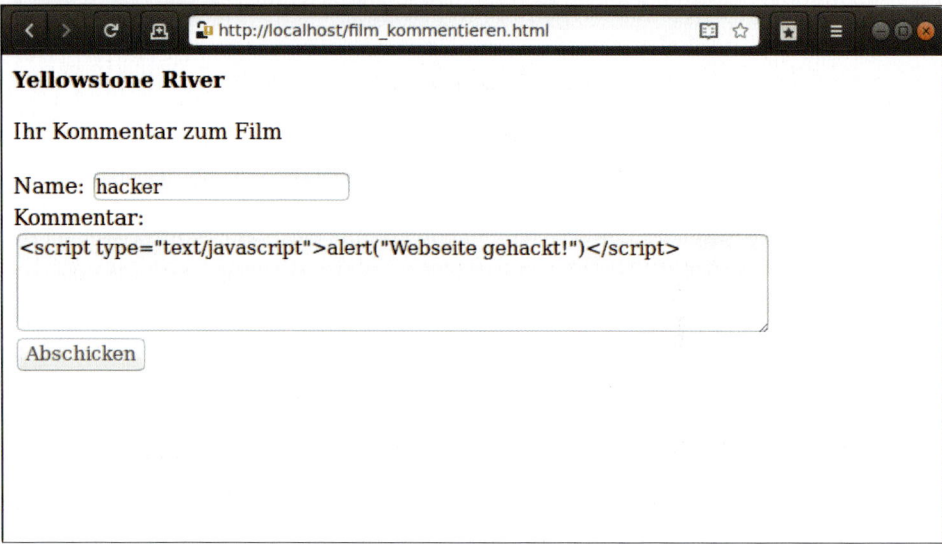

Abb. 8.6: Einschleusen von JavaScript

Abbildung 8.6 zeigt den Angriff. Das eingeschleuste JavaScript wird nun ungeprüft in die Datenbank geschrieben:

```
mysql> SELECT name,kommentartext FROM kommentar;
```

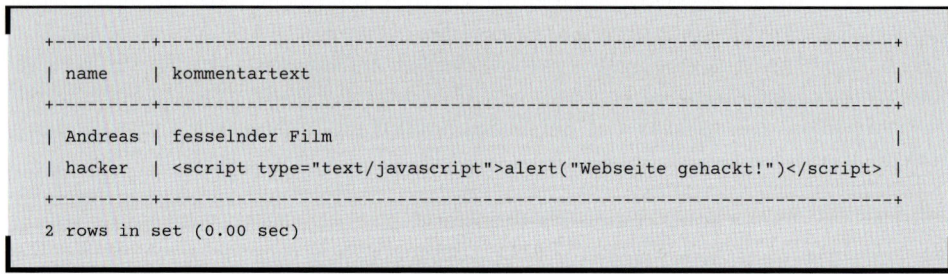

Das PHP-Skript „kommentar_lesen.php" (der Quellcode wird hier nicht aufgeführt) holt die Kommentare aus der Datenbank und schickt sie zum Client. Im Browser öffnet sich bei der Ausgabe der Kommentare ein Fenster mit dem Warnhinweis „Webseite gehackt!" (Abbildung 8.7).

Abb. 8.7: Cross-Site Scripting

Den Angriff können Sie abwehren, indem Sie im PHP-Skript in die echo-Ausgabe

```
echo $kommentartext[$i];
```

die PHP-Funktion htmlspecialchars() einsetzen:

```
echo htmlspecialchars($kommentartext[$i]);
```

Die Funktion htmlspecialchars() ändert folgende Sonderzeichen in „benannte Zeichen":

Sonderzeichen	Benannte Zeichen
&	&amp;
"	&quot;
<	&lt;
>	&gt;

Die benannten Zeichen werden vom Browser als Sonderzeichen ausgegeben. Die Sonderzeichen im obigen Angriff

```
<script type="text/javascript">alert("Webseite gehackt!")</script>
```

werden auf dem Server durch htmlspecialchars() umgewandelt. Es ergibt sich:

```
&lt;script type=&quot;text/javascript&quot;&gt;alert(&quot;Webseite
gehackt!&quot;) &lt;/script&gt;
```

Der Browser empfängt diese Zeichenfolge, erkennt sie aber nicht als JavaScript, sondern als einfachen Text.

> **Setzen Sie bei der Ausgabe von Daten, die aus unsicheren Quellen kommen, die Funktion htmlspecialchars() ein.**

Unsichere Daten können aus verschiedensten externen Quellen stammen. Zu den externen Quellen gehören u. a. Datenbankabfragen, GET-, POST- und COOKIE-Variablen, aber auch einige SERVER-Variablen. Ein Beispiel wäre die beim Selbstverweis eingesetzte SERVER-Variable $_SERVER['PHP_SELF'].

Ein Angreifer könnte einer http-Anfrage fremden Quelltext anfügen. Zur Absicherung des Angriffs sollten Sie direkt bei der Entgegennahme prüfen, ob $_SERVER['PHP_SELF'] einen gültigen Dateinamen beinhaltet (siehe Seite 174, „Überprüfen der Daten").

SQL-Injection

Auf der Webseite angezeigt werden nur die Kommentare, die vom Redakteur freigegeben wurden. Zu diesem Zweck wurde in der Datenbank-Tabelle „kommentar" die Spalte „freigegeben" gesetzt.

```
mysql> SELECT * FROM kommentar;
```

```
+-------------+---------+----------------+--------+-------------+
| kommentarID | name    | kommentartext  | filmID | freigegeben |
+-------------+---------+----------------+--------+-------------+
|           1 | Andreas | fesselnder Film |    42 | false       |
+-------------+---------+----------------+--------+-------------+
1 row in set (0.00 sec)
```

Der Angreifer beabsichtigt nun, seine Eingabe am Redakteur vorbeizuschleusen. Den POST-Parameter kommentartext manipuliert er dahingehend, dass er an seinen eigentlichen Kommentar zusätzlich SQL-Code anhängt. Dazu müssen ihm entweder Details der Datenbank bekannt sein (wie es bei Open-Source-Software der Fall ist), oder er variiert seine Angriffe so lange, bis er die benötigten Informationen ausgekundschaftet hat. Mit dem in Abbildung 8.8 gezeigten Aufruf ist der Hacker letztendlich erfolgreich.

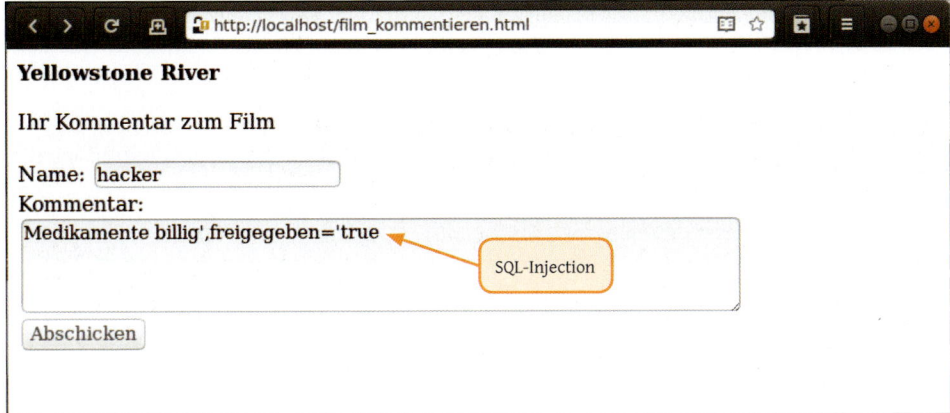

Abb. 8.8: SQL-Injection

Damit wird sein Kommentar ohne Zustimmung des Redakteurs freigegeben.

```
mysql> SELECT * FROM kommentar;
```

```
+-------------+---------+----------------------+--------+-------------+
| kommentarID | name    | kommentartext        | filmID | freigegeben |
+-------------+---------+----------------------+--------+-------------+
|           1 | Andreas | fesselnder Film      |     42 | false       |
|           5 | hacker  | Medikamente billig   |     42 | true        |
+-------------+---------+----------------------+--------+-------------+
2 rows in set (0.00 sec)
```

Die Schwachstelle liegt im folgenden Ausschnitt aus „kommentar_speichern.php":

```
$query=sprintf("INSERT INTO kommentar
                SET name='%s',
                    kommentartext='%s',
                    filmID=$filmID",
               $_POST['name'],
               $_POST['kommentar']);
```

Für $_POST['kommentar'] hat der Angreifer

```
Medikamente billig',freigegeben='true
```

eingesetzt. An den MySQL-Server wurde damit folgende SQL-Anfrage geschickt:

```
INSERT INTO kommentar SET
name='hacker',
kommentartext='Medikamente billig',freigegeben='true',
filmID=42
```

Der Angreifer hat erreicht, dass das INSERT um eine Zuweisung erweitert wurde: freigegeben='true'. Sein Trick war, mit einem Hochkomma die Zuweisung für das Feld „kommentartext" zu beenden und weiteren SQL-Inhalt folgen zu lassen.

> **Ein Angriff, bei dem einer Anwendung fremder SQL-Inhalt untergeschoben wird, heißt SQL-Injection.**

Seien Sie also vorsichtig, wenn Sie Benutzereingaben in SQL-Anfragen einbauen. Unterbinden können Sie SQL-Injections, indem Sie konsequent die PHP-Funktion mysql_real_escape_string() nutzen:

```
$kommentar=mysql_real_escape_string($_POST['kommentar']);
```

Die Funktion stellt Anführungszeichen und Hochkommata einen umgekehrten Schrägstrich voran (der Fachausdruck hierfür lautet „Escapen"; engl. *to escape*, entkommen):

- " wird zu \"
- ' wird zu \'

Der umgekehrte Schrägstrich veranlasst MySQL, die Anführungszeichen bzw. Hochkommata als normale Zeichen anstatt als Begrenzer einer Zeichenkette anzusehen. Somit kann der Angreifer die Zeichenkette nicht selbst beenden und eigenen SQL-Code anhängen.

Nicht nur bei INSERT-Anfragen sind gefährliche SQL-Injections möglich. Mit SELECT könnten z. B. Zugangsdaten gelesen, mit DELETE Geschäftsdaten gelöscht, mit UPDATE Kundendaten geändert oder mit DROP ganze Tabellen gelöscht werden.

> **Setzen Sie bei SQL-Anfragen die PHP-Funktion mysql_real_escape_string() zur Absicherung von Daten aus unsicheren Quellen ein.**

Hinweis:
Liest ein Nutzer einen Kommentar zu einem Film, wird dieser zunächst aus der Datenbank abgerufen. Vor der Ausgabe im Browser können Sie die umgekehrten Schrägstriche mit der Funktion stripslashes() wieder entfernen.

Überprüfen der Daten

Als weitere Schutzmaßnahme sollten Sie alle Formulareingaben und andere Daten aus externen Quellen direkt bei der Entgegennahme prüfen und filtern. Erst danach sollten die Eingaben in die Datenbank geschrieben oder im Browser ausgegeben werden.

Wenn ein Benutzer eine E-Mail-Adresse eingibt, lässt sich diese wie folgt überprüfen:

```
if(!filter_input(INPUT_POST,'email',FILTER_VALIDATE_EMAIL))
  echo"Die eingegebene E-Mail-Adresse ist nicht korrekt.";
```

Eingesetzt wird die Funktion filter_input(). Über Parameter wird ihr mitgeteilt, dass bei der Formulareingabe die POST-Methode eingesetzt wurde (INPUT_POST) und das Formularfeld mit email bezeichnet ist. Der dritte Parameter veranlasst die Funktion, sich zu vergewissern, ob der Benutzer eine richtig aufgebaute E-Mail-Adresse eingegeben hat: FILTER_VALIDATE_EMAIL.

Neben filter_input() können Sie auf weitere sogenannte Filter-Funktionen zurückgreifen. Diese dienen speziell der Absicherung von Daten aus unsicheren Quellen (siehe http://de.php.net/manual/de/ref.filter.php).

Nutzen Sie die Filter-Funktionen durchgängig, um Benutzereingaben auf ihren Typ zu überprüfen: Wurde vom Benutzer wie erwartet ein INTEGER-Wert eingegeben? Beinhaltet die Variable wirklich ein Datum?

> **Vertrauen Sie niemals Nutzereingaben. Überprüfen und filtern Sie alle Daten aus unsicheren Quellen.**

8.5 Aufgaben

1 Ihnen wurde die Aufgabe übertragen, eine Datei „reg_form.php" mit folgenden Anforderungen zu implementieren:
Es soll ein Formular mit den Feldern „Name", „Vorname", „Anmeldename", „Passwort", „Passwort bestätigen", „E-Mail" und „AGB akzeptieren" erstellt werden.

Der Anmeldename darf zwischen drei und fünfzehn Zeichen umfassen und die E-Mail-Adresse ist auf ihren Aufbau hin zu überprüfen. Die beiden Passworteingaben sind auf Übereinstimmung zu überprüfen. Das Passwort darf zwischen sechs und fünfzehn Zeichen umfassen.

Bei falschen oder fehlenden Eingaben wird der Benutzer zur Korrektur aufgefordert und das Formular wird mit den eingegebenen Daten erneut angezeigt. Bei erfolgreichem Eintrag der Benutzereingaben in eine Datenbank erscheint ein entsprechender Hinweis. Das Skript ruft sich mittels Selbstverweis selbst auf.

2 Ändern Sie die Datei „kommentar_speichern.php" derart ab, dass nur Namen mit folgendem Suchmuster erlaubt sind:
a) Klein- und Großbuchstaben
b) Klein- und Großbuchstaben sowie Zahlen
c) Klein- und Großbuchstaben, Zahlen und Unterstriche

Die Länge des Namens ist auf drei bis fünfzehn Zeichen begrenzt. Realisieren Sie die Überprüfung des Namens mittels der PHP-Funktion preg_match().

8.6   E-Mails aus PHP-Skripten versenden

Auftrag

An registrierte Kinobesucher soll ein Newsletter geschickt werden, in dem ein neuer Film vorgestellt wird.

Mit der PHP-Funktion mail() versenden Sie unkompliziert E-Mails aus PHP-Skripten. Unter Linux greift PHP auf das standardmäßig installierte Programm sendmail zu. Das Versenden einer E-Mail unter Windows setzt einen installierten SMTP-Server (SMTP = **S**imple **M**ail **T**ransfer **P**rotocol) voraus.

Der Funktion mail() werden ...

- die E-Mail-Adresse des Empfängers,
- ein Betreff,
- der Text der E-Mail und
- Header-Informationen

übergeben.

newsletter.php

```php
<?php
$name="andreas";
$email="kinobesucher@example.com";
$betreff="Newsletter deines Kinocenters";
$mailtext="Hallo $name,\n\n";
$mailtext.="neu im Kino: 2 Engel als Agenten\n\n";
$mailtext.="Dein Team vom Kinocenter";
$header="From: Team Kinocenter <kinocenter@example.com>\r\n";
$header.="Reply-To: kinocenter@example.com\r\n";
$header.="Content-Type: text/plain";
mail($email,$betreff,$mailtext,$header);
?>
```

Der Übersichtlichkeit halber werden der Funktion mail() die Variablen $email, $betreff, $mailtext und $header mit vorher zugewiesenen Zeichenketten übergeben. Die Inhalte der Variablen $name und $email entspringen in einer tatsächlichen Implementierung einer vorangegangenen Datenbankabfrage. In der Variablen $header werden die Empfänger- und die Antwortadresse sowie das Format der E-Mail gesetzt.

Die Zuweisungen zu den Variablen $mailtext und $header setzen sich aus mehreren Stücken zusammen. Ein Punkt direkt hinter der Variablen erweitert die bisherige Zeichen-kette um die folgende neue Zuweisung:

```php
$mailtext.=
```

Darin steht \r\n für Wagenrücklauf (Positionierung am Zeilenanfang) und neue Zeile. Die

Header-Optionen sind durch \r\n voneinander zu trennen.

Abbildung 8.9 zeigt die empfangene E-Mail:

Abb. 8.9: Mit mail() von PHP versendete E-Mail

0101010101010101010101010010101010100101010101010010101010010101010100101010101
0101010101010101010101010100101010100101010101010010101010010101010100101010100101
01001010101010101010100101010100101010100101010101010010101010010101010100101
001010101010101010101010100110101010010101001101010101010101010100010101
0010101001 10101010101101010100101001101010010101010100 1010
010101010101010101010101010101010101010101010101010010
0101010101010101010101010010101010101010101010010101010 0010

9   Objektorientierte Programmierung

9.1   Objekte und Klassen

Auftrag

Die Eintrittspreise des Kinocenters sollen mithilfe der objektorientierten Programmierung organisiert werden. Dazu ist eine Klasse Eintrittspreis mit gekapselten Attributen und einer Schnittstelle nach außen zu implementieren.

Bei größeren Projekten ist es wichtig, den Überblick über die Daten zu behalten. Daten sollten möglichst nur an einer Stelle, also nicht redundant, abgelegt werden. Ändert sich nämlich der Ausgangswert, weiß man ansonsten nicht mehr, an welchen Stellen im Programm überall Anpassungen vorzunehmen sind. Es könnte sogar sein, dass mit sich widersprechenden Daten gearbeitet wird.

Wenn z.B. der Eintrittspreis erhöht wird, wäre es für den Programmierer am einfachsten, wenn er dies nur an einer einzigen Stelle im Programm ändern müsste. Alle anderen Programmteile müssten nicht extra nach Preisen durchforstet und angepasst werden.

Die objektorientierte Programmierung (OOP) stellt für das Konzept der Datenkapselung die nötigen Werkzeuge bereit. Ein wesentlicher Bestandteil des Konzepts ist die Arbeit mit Objekten und Klassen.

Objekte

> **Ein Objekt der objektorientierten Programmierung ist die Abstraktion eines Objekts oder Prozesses der Realwelt. Der Zustand eines Objekts wird durch Attribute und das Objektverhalten durch Methoden beschrieben.**

Es ergeben sich weitere Vorteile:

- **Wiederverwendbarkeit:** Objekte repräsentieren einen abgegrenzten Teil der Wirklichkeit. Sie können in unterschiedlichen Anwendungen miteinander kombiniert werden.
- **Erweiterbarkeit:** Anstatt immer neue Objekte zu erstellen, können bestehende Objekte erweitert werden. Objekte können ihre Attribute und Methoden an neue Objekte vererben. Das erbende Objekt kann eigene Attribute und Methoden hinzufügen.
- **Wartbarkeit:** Dass Objekte der anschaulichen Realwelt entspringen, erleichtert die Analyse des Codes. Üblicherweise werden die Schnittstellendefinitionen ausführlich dokumentiert. Der Grund ist, dass erst eine verständliche Dokumentation das Einbinden von Objekten in Anwendungen ermöglicht.

Klassen

Objekte gehen aus Klassen hervor. Ein Objekt bezeichnet die Instanz einer Klasse.

> **Klassen sind Schablonen, aus denen Objekte erstellt (instanziiert) werden können.**

Die Attribute und Methoden eines Objekts sind an die Klassendefinition gebunden. Eine objektorientierte Anwendung erzeugt während der Laufzeit Objekte und Objektbeziehungen, die das zugrunde liegende System dynamisch abbilden.

```
$objekt = new Klasse;
```

> **Mithilfe der Anweisung new wird ein Objekt instanziiert.**

Das Schlüsselwort class leitet eine Klasse ein, gefolgt vom Namen der Klasse. Dann werden die Attribute aufgelistet und anschließend die Methoden codiert:

```
class Klasse
{
  private $attribut1;
  protected $attribut2;
  ...

  public methode1(){...}
  public methode2(){...}
  ...
}
```

Kapselung

Ein Objekt bildet eine in sich geschlossene Einheit von Attributen und Methoden. Das Objektverhalten bedingt den aktuellen Zustand eines Objekts. Der Zustand sollte daher nur durch eigene Aktionen eines Objekts geändert werden können.

> **Die Attribute eines Objekts sind von der Außenwelt abzukapseln.**

Im konkreten Fall der Klasse Eintrittspreis gibt es die beiden Attribute $nettopreis und $umsatzsteuer. Die Attribute sind nach außen gekapselt. Die Kapselung erfolgt mit dem Schlüsselwort private:

```
private $nettopreis=0.0;
private $umsatzsteuer=0.0; //in Prozent
```

Auf die beiden Attribute kann nur innerhalb der eigenen Klasse zugegriffen werden. Von außen ist der Zugriff über von der Klasse bereitzustellende öffentliche Methoden möglich:

```php
public function setNettopreis($p_preis)
{
  $this->nettopreis=$p_preis;
}

public function setUmsatzsteuer($p_umsatzsteuer)
{
  $this->umsatzsteuer=$p_umsatzsteuer;
}

public function getNettopreis()
{
  return $this->nettopreis;
}

public function getUmsatzsteuer()
{
  return $this->umsatzsteuer;
}
```

Das Schlüsselwort public markiert die Methoden als öffentlich zugänglich.

> **Das eigene Objekt wird mit $this bezeichnet. Der Zugriff auf ein Attribut oder eine Methode erfolgt über den Zugriffsoperator ->.**

$this->nettopreis greift auf das Attribut $nettopreis des eigenen Objekts zu.

Es wird ein PHP-Skript erstellt, das mittels Setter-Methoden den Nettopreis auf 10,00 € und die Umsatzsteuer auf 7 % setzt. Anschließend gibt das Skript den Nettopreis, die Umsatzsteuer und den Bruttopreis aus – diese werden mittels der sogenannten Getter gelesen. Das vervollständigte PHP-Skript veranschaulicht den Einsatz der Klasse Eintrittspreis:

eintrittspreis_objektorientiert.php

```php
<html>
<head><title>Kinocenter</title></head>
<body>
<?php
$eintrittspreis=new Eintrittspreis;

$eintrittspreis->setNettopreis(10.00);
$eintrittspreis->setUmsatzsteuer(7.00);

echo"<b>Eintrittspreis</b><br><br>Nettopreis: ";
echo number_format($eintrittspreis->getNettopreis(),2,',',' ');
echo" EUR<br>Umsatzsteuersatz: ";
```

```php
echo number_format($eintrittspreis->getUmsatzsteuer(),1,',',' ');
echo" % <br>Bruttopreis: ";
echo number_format($eintrittspreis->getBruttopreis(),2,',',' ');
echo" EUR";

class Eintrittspreis
{
  private $nettopreis=0.0;
  private $umsatzsteuer=0.0;   //in Prozent

  public function setNettopreis($p_preis)
  {
    $this->nettopreis=$p_preis;
  }

  public function setUmsatzsteuer($p_umsatzsteuer)
  {
    $this->umsatzsteuer=$p_umsatzsteuer;
  }

  public function getNettopreis()
  {
    return $this->nettopreis;
  }

  public function getUmsatzsteuer()
  {
    return $this->umsatzsteuer;
  }

  public function getBruttopreis()
  {
    return $this->nettopreis*(1+$this->umsatzsteuer/100.0);
  }
}
?>
</body>
</html>
```

Abbildung 9.1 zeigt die zugehörige Bildschirmausgabe.

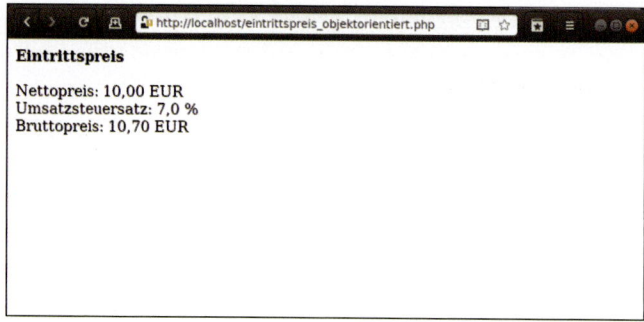

Abb. 9.1: Die Klasse Eintrittspreis im Einsatz

Die Klassendefinition befindet sich im unteren Bereich des Skripts. Sie wird beim Instanziieren des Objekts $eintrittspreis herangezogen:

```
$eintrittspreis=new Eintrittspreis;
```

Die Methode setNettopreis() wird aufgerufen, um dem Objekt den Wert 10.00 zuzuweisen. Der Setter setUmsatzsteuer() schreibt den Wert 7.0 in das Attribut $umsatzsteuer.

Es wurde noch eine weitere Methode genutzt: getBruttopreis(). Innerhalb dieser Methode wurde auf die Attribute des eigenen Objekts zugegriffen und mit ihnen der Bruttopreis berechnet:

```
return $this->nettopreis*(1+$this->umsatzsteuer/100.0);
```

9.2   Aufgaben

1 Die Klasse Film hat die beiden Attribute $titel und $filmlaenge. Sie stellt die folgenden Setter- und Getter-Methoden bereit:
- setTitel()
- setFilmlaenge()
- getTitel()
- getFilmlaenge()

Erstellen Sie die Klasse Film.

2 Entwerfen Sie eine Klasse HTML_Tabelle. Folgende Attribute sollen von der Klasse gekapselt werden:

Attribut	Beschreibung	Beispiel
$anzahl_spalten	Anzahl Spalten der Tabelle	$anzahl_spalten=3;
$kopfdaten	Array mit Kopfdaten	$kopfdaten=array("Spalte a", "Spalte b", "Spalte c");

Attribut	Beschreibung	Beispiel
$tabellendaten	Array mit den Daten	`$tabellendaten=` `array(1,2,3,4,5,6);`
$table_attribute	Attribute für table-Tag	`$table_attribute=` `'border="1"';`
$tr_attribute	Attribute für tr-Tags	`$tr_attribute=` `'bgcolor="green"';`
$th_attribute	Attribute für th-Tags	`$th_attribute=` `'bgcolor="red"';`

$td_attribute	Array mit Attributen für td-Tags	`$td_`
		`attribute=array(`
		`'align="left"',`
		`'align="center"',`
		`'align="right"');`

Die Attribute $kopfdaten, $tabellendaten und $td_attribute sind eindimensionale Arrays. Die Anzahl der Arrayelemente entspricht für die Attribute $kopfdaten und $td_attribute der Spaltenzahl. Das Array $tabellendaten nimmt die Daten für alle Tabellenfelder auf.

Bereitgestellt werden sollen folgende Methoden:

```
public function setzAttribute($p_table_attribute,
        $p_tr_attribute,$p_th_attribute,$p_td_attribute){}


public function setzAnzahlSpalten($p_anzahl_spalten){}


public function setzKopf($p_kopfdaten){}


public function setzDaten($p_tabellendaten){}


public function gibausTabelle(){}
```

Für die obigen Beispieldaten ergeben sich folgende HTML-Tabelle und zugehörige Browserausgabe (Abbildung 9.2):

```
<table border="1">
<tr bgcolor="green">
  <th bgcolor="red">Spalte a</td>
  <th bgcolor="red">Spalte b</td>
  <th bgcolor="red">Spalte c</td></tr>
<tr bgcolor="green">
  <td align="left">1</td>
  <td align="center">2</td>
  <td align="right">3</td></tr>
```

```
<tr bgcolor="green">
  <td align="left">4</td>
  <td align="center">5</td>
  <td align="right">6</td></tr>
</table>
```

Abb. 9.2: Ausgabe der Beispieltabelle im Browser

9.3　Das Projekt „Kinocenter" – eine Jobseite objektorientiert entwickeln

Auftrag

Auf der Internetseite des Kinocenters sollen Stellenanzeigen veröffentlicht werden. Die Realisierung soll mithilfe der objektorientierten Programmierung erfolgen.

Das Kinocenter sucht Mitarbeiter für verschiedene Bereiche: den Kartenverkauf, die Theke, das Kartenabreißen, das Abspielen von Filmen und die Buchhaltung. Die Anzeigen werden den Rubriken „Gastronomie", „Technik", „Verwaltung" und „Gebäudeservice" zugeordnet.

Die PHP-Skripte sollen die Vorteile der objektorientierten Programmierung nutzen. Aus Gründen der Übersichtlichkeit werden nur die für das Anlegen einer Anzeigenrubrik benötigten Objekte analysiert.

Die Klassen für das betrachtete Teilsystem „Anlegen einer Anzeigenrubrik" werden nun bestimmt. Ein Online-Redakteur soll auf der Redaktionsseite „rubrik_anlegen.php" den Namen einer neuen Rubrik in ein Formular eingeben können. Die Benutzereingabe wird nach erfolgreicher Überprüfung in der Projektdatenbank abgespeichert.

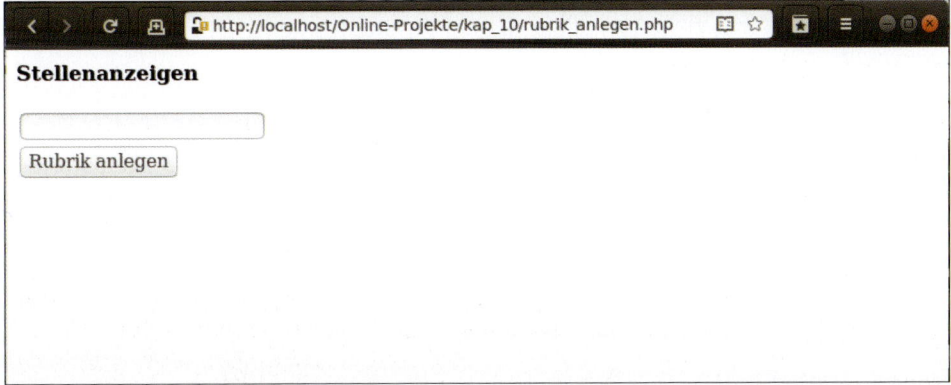

Abb. 9.3: Formular zur Eingabe einer neuen Anzeigenrubrik

Drei Teilbereiche werden deutlich: Eine Schnittstelle zum Benutzer (hier der Online-Redakteur) ist herzustellen, eine Rubrik ist zu modellieren und der Zugriff auf eine Datenbank ist zu verwalten. Zur Lösung bieten sich folgende Klassen an:

- **Rubrik:** Eine Instanz der Klasse Rubrik modelliert eine Anzeigenrubrik (siehe Kapitel 9.4).
- **Projekt_DB:** Die Klasse Projekt_DB verwaltet genau eine Verbindung zur Projektdatenbank und stellt die Schnittstelle zu dieser her. Sie garantiert, dass mehreren Aufrufern immer ein und dieselbe Datenbankverbindung bereitgestellt wird (siehe Kapitel 9.5).
- **DB_Query:** Die Klasse DB_Query bildet eine Datenbank-Abstraktionsschicht. Die Abstraktion erleichtert den Umstieg von MySQL auf ein anderes Datenbanksystem (siehe Kapitel 9.5).
- **Rubrikformular:** Die Klasse Rubrikformular bildet die Benutzerschnittstelle für die Teilaufgabe „Anlegen einer Rubrik" (siehe Kapitel 9.6).
- **Formular:** Die Klasse Formular stellt Methoden zur Ausgabe von Elementen eines HTML-Formulars bereit (siehe Kapitel 9.6).

Alle genannten Klassen werden nicht nur für das Anlegen einer Anzeigenrubrik eingesetzt. Sie werden in Kombination mit neuen Klassen auch in den anderen Bereichen des Anzeigenbereichs vielfach eingebunden.

Konstruktor und Destruktor

Konstruktor und Destruktor sind (zu definierende) Methoden eines Objekts. Die Bezeichnungen sind __construct() bzw. __destruct() (mit zwei vorangestellten Unterstrichen). Der Konstruktor wird automatisch beim Erzeugen eines Objekts aufgerufen. Er stellt einen definierten Anfangszustand eines Objekts her.

Wird der Gültigkeitsbereich eines Objektes verlassen, dann stirbt das Objekt. Von PHP wird automatisch der Destruktor aufgerufen. Er führt Aufräumarbeiten durch, z. B. die Freigabe von Ressourcen.

> **Der Konstruktor wird beim Instanziieren und der Destruktor beim Auflösen eines Objekts ausgeführt.**

Am Beispiel der Klasse DB_Query (siehe Kapitel 9.5) werden Konstruktor und Destruktor vorgestellt:

```
function __construct()
{
  $this->db_verbindung=new mysqli($this->db_server,$this->db_user,
                                  $this->db_passwort,$this->db_
name);
}

function __destruct()
{
  $this->db_verbindung::close();
}
```

Der Konstruktor stellt im Beispiel eine Verbindung zum Datenbankserver und zur Datenbank her. Die Verbindungskennung wird im Attribut $db_verbindung gespeichert.

In den bisherigen Anwendungen haben Sie die prozedurale Schnittstelle zu MySQL benutzt. Die Verbindung zur Datenbank und die Abfragen wurden über die Funktionsaufrufe mysqli_connect() oder mysqli_query() realisiert. Alternativ kann auch die objektorientierte Schnittstelle zur Datenbank verwendet werden. Der obige Konstruktor zeigt die Instanziierung einer Verbindung zur Datenbank mit dem Aufruf:

```
$this->db_verbindung=new mysqli($this->db_server,$this->db_user,
                                $this->db_passwort,$this->db_name);
```

Für den Datenbankzugriff im Onlineprojekt „Kinocenter" wird von nun an die objektorientierte Schnittstelle eingesetzt.

Beim Erlöschen des Objekts wird die Verbindung durch den Destruktor mittels der Methode close() abgebaut.

Unified-Modeling-Language

Die Unified-Modeling-Language (UML) ist eine etablierte Entwurfssprache für die Entwicklung unterschiedlichster objektorientierter Anwendungen. In einem UML-Klassendiagramm werden die Beziehungen zwischen Klassen dargestellt.

Vererbung

Die Vererbung ist ebenso wie die Kapselung ein fundamentales Konzept der objektorientierten Programmierung. Im betrachteten UML-Diagramm (Abbildung 9.4) ist die Klasse Projekt_DB von DB_Query abgeleitet (siehe Kapitel 9.5). Im Diagramm zeigt ein Pfeil von der Kindklasse zur Vaterklasse.

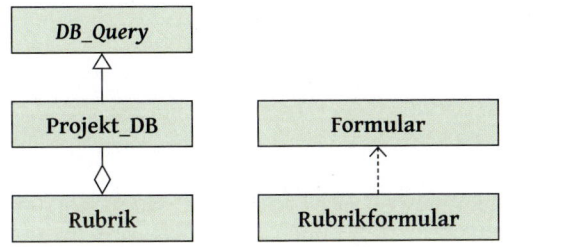

Abb. 9.4: UML-Klassendiagramm zur Teilaufgabe „Anlegen einer Rubrik"

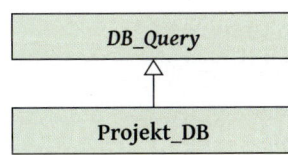

Abb. 9.5: Vater- und Kindklasse

Die Klasse Projekt_DB verfügt mindestens über die gleichen Attribute und Methoden wie die Klasse DB_Query. Sie erweitert diese um eigene Attribute und Methoden.

```
class Projekt_DB extends DB_Query {...}
```

> **Geerbt wird mit dem Schlüsselwort extends.**

Im Zusammenhang mit der Vererbung ist neben den Zugriffsrechten private und public noch das Zugriffsrecht protected von Bedeutung. Attribute und Methoden mit dem Zugriffsrecht private können von der Kindklasse nicht angesprochen werden. Hingegen darf auf mit protected geschützte Attribute oder Methoden einer Vaterklasse zugegriffen werden.

Zusammenfassung

Zugriffsrecht	Beschreibung
private	Attribute und Methoden sind nur für die Klasse selbst sichtbar.
protected	Attribute und Methoden der Vaterklasse sind ebenfalls für die Kindklasse sichtbar.
public	Attribute und Methoden sind von überall aus sichtbar.

Abstrakte Klassen

Die Klasse DB_Query ist eine abstrakte Klasse. Die Definition der abstrakten Klasse DB_Query lautet:

```
abstract class DB_Query {…}
```

Im UML-Diagramm werden abstrakte Klassen kursiv dargestellt (Abbildung 9.4). Eine abstrakte Klasse ist dafür vorgesehen, nicht direkt genutzt zu werden. Hingegen kann sie über eine von ihr abgeleitete Klasse genutzt werden, hier über die Klasse Projekt_DB. Erst diese Klasse füllt die Datenbank-Abstraktionsklasse mit Leben, indem sie u. a. die Verbindungsparameter zur Projektdatenbank in die Attribute der abstrakten Klasse schreibt.

> **Abstrakte Klassen werden über abgeleitete Klassen genutzt.**

Aggregation

Eine Aggregation beschreibt eine Verbindung zwischen Objekten, bei der ein Objekt Teil eines anderen Objekts wird. PHP implementiert Aggregationen durch Attribute, die ein Objekt der anderen Klasse aufnehmen können:

```php
<?php
class KlasseB
{
  public function methodeB(){...}
}

class KlasseA
{
  private $objB;

  function __construct($objB)
  {
    $this->objB=$objB;
  }

  public function methodeA()
  {
    $this->objB->methodeB();
  }
}

$objB=new KlasseB;
$objA=new KlasseA($objB);
$objA->methodeA();
?>
```

Ein Objekt wird automatisch als Referenz an eine Methode übergeben – die Angabe des Zeichens & erübrigt sich. Das Objekt $objB wurde außerhalb von KlasseA instanziiert. Stirbt $objA, bleibt $objB am Leben.

In UML kennzeichnet eine Raute eine Aggregation (Abbildung 9.6).

Die Codierung einer Aggregation ist nicht festgelegt. Eine Aggregation beschreibt nur das Prinzip der Verbindung zwischen Objekten. Die Klasse Rubrik realisiert eine Aggregation, indem sie nicht mit new, sondern über die von Projekt_DB bereitgestellte Methode gibInstanz() instanziiert (siehe Kapitel 9.5). Ein Objekt der Klasse Projekt_DB wird Teil eines Objekts von Rubrik:

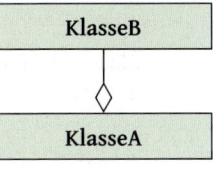

Abb. 9.6: Aggregation

```
class Rubrik
{
  private $db; //Datenbank-Instanz
  ...

  function __construct()
  {
    $this->db=Projekt_DB::gibInstanz();
    ...
  }
  ...
```

Erlischt das Objekt der Klasse Rubrik, bleibt das Objekt der Klasse Projekt_DB dennoch am Leben.

Da die Methode gibInstanz() nicht an ein konkretes Objekt der Klasse Projekt_DB gebunden ist, erfolgt der Aufruf mit dem Operator ::.

> **Die Aggregation beschreibt das Prinzip, dass eine Klasse ein Objekt einer anderen Klasse aufnimmt.**

Komposition

Eine Komposition bildet eine stärkere Beziehung als eine Aggregation. Wie bei der Aggregation kann ein Attribut ein Objekt der anderen Klasse aufnehmen. Wird das eine Objekt gelöscht, stirbt jedoch das Objekt der anderen Klasse ebenfalls.

Die Klasse KlasseA spricht Methoden von KlasseB direkt über $this->objB an:

```
class KlasseA
{
  private $objB; //Instanz von KlasseB
```

```
function __construct()
{
  $this->objB=new KlasseB;
}

public function methodeA()
{
  $this->objB->methodeB();
}
}
```

Eine ausgefüllte Raute ist das UML-Symbol für eine Komposition (Abbildung 9.7).

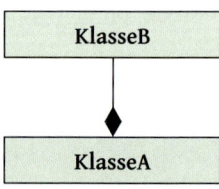

> **Die Komposition beschreibt das Prinzip, dass eine Klasse ein Objekt der anderen Klasse aufnimmt. Die Lebensdauer ist an die des aufnehmenden Objekts gebunden.**

Abb. 9.7: Komposition

Abhängigkeit

Die Klasse Rubrikformular benutzt öffentliche Methoden der Klasse Formular (siehe Kapitel 9.6). Methoden der Klasse Formular werden hierbei direkt über den Operator :: angesprochen. Das nachfolgende Beispiel zeigt, wie die Methoden gibausFormularkopf() und gibausTextfeld() aufgerufen werden:

```
public function gibausFormular()
{
  Formular::gibausFormularkopf($this->auswertdatei,$this->methode);
  Formular::gibausTextfeld($this->feldname,$this->feldgroesse);
  ...
}
```

Die Abhängigkeit deutet an, dass öffentliche Methoden der einen Klasse von einer abhängigen Klasse mitbenutzt werden. Ändern sich die öffentlichen Methoden, werden möglicherweise Änderungen in der abhängigen Klasse erforderlich.

In UML ist ein gestrichelter Pfeil von der abhängigen zur benutzten Klasse gerichtet (Abbildung 9.8).

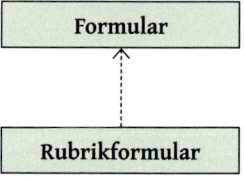

Abb. 9.8: Abhängigkeit von Klassen

9.4   Anlegen einer Anzeigenrubrik

Die Redaktionsseite „rubrik_anlegen.php" nutzt die bereits erläuterten Klassen für den Zweck, eine über ein Formular aufgegebene Anzeigenrubrik in der Datenbank „kino" zu speichern.

Klassen werden im UML-Klassendiagramm als Rechteck mit dem Klassennamen als Überschrift dargestellt. Zwei „abgetrennte Bereiche" innerhalb des Rechtecks enthalten die Attribute und Methoden der Klasse:

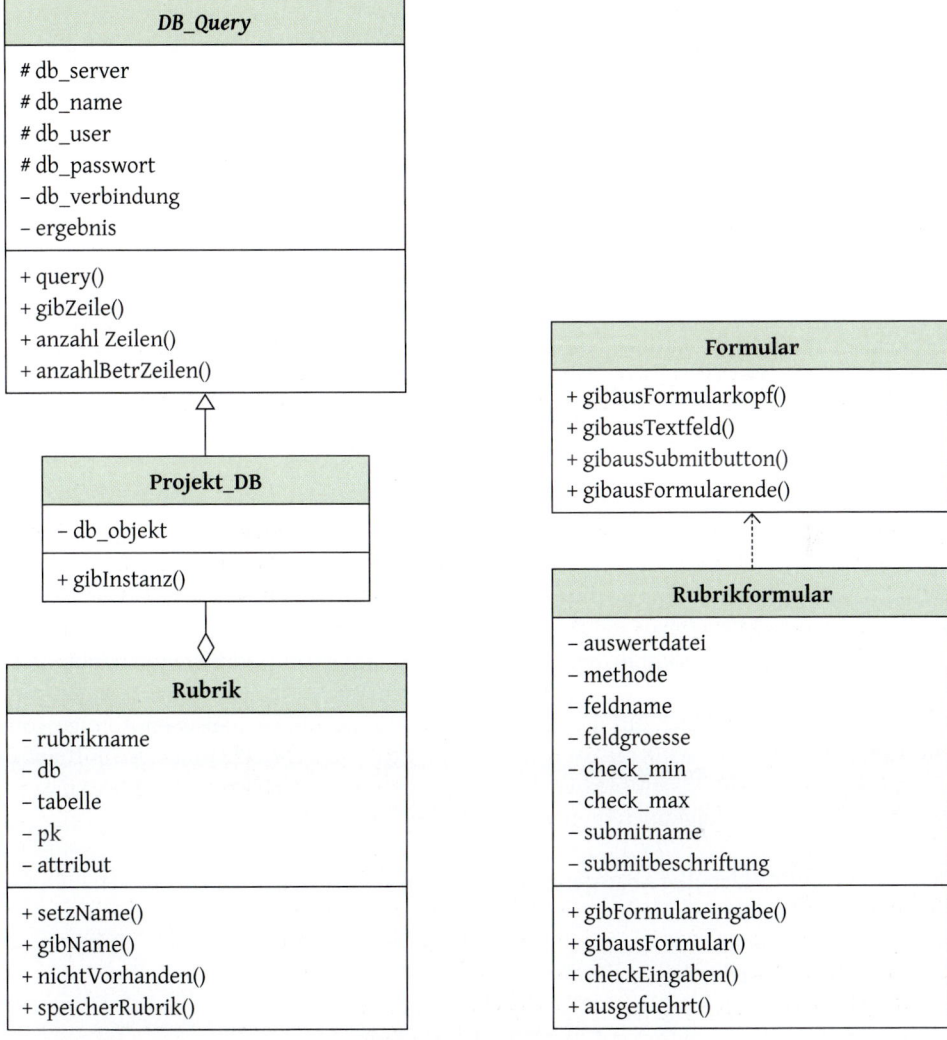

Abb. 9.9: UML-Klassendiagramm inkl. Attributen, Methoden und Zugriffsrechten

Für die Zugriffsrechte gilt in UML folgende Symbolik:

Zugriffsrecht	UML-Symbol
private	–
protected	#
public	+

Das Skript „rubrik_anlegen.php" greift direkt auf die Klassen Rubrik und Rubrikformular zu. Die Methodenaufrufe dieser Klassen werden vom PHP-Skript organisiert. Als Teil des Redaktionssystems ist die Seite durch das Inkludieren von „session.inc.php" (siehe Kapitel 8.2) passwortgeschützt.

rubrik_anlegen.php

```php
<?php
require "./session.inc.php"; //Komponente des Login-Systems
require_once "./rubrikformular.inc.php"; //Klasse Rubrikformular
require_once "./rubrik.inc.php"; //Klasse Rubrik

$rubrikformular=new Rubrikformular;
$rubrik=new Rubrik;

if($rubrikformular->ausgefuehrt())
{
  $rubrik->setzName($rubrikformular->gibFormulareingabe());
  if($rubrikformular->checkEingaben()&&$rubrik->nichtVorhanden())
    $rubrik->speicherRubrik();
}
$rubrikformular->gibausFormular();
?>
```

Mit require_once wird überprüft, ob die Datei eventuell an anderer Stelle schon einmal eingebunden wurde, und sieht in diesem Fall davon ab, sie erneut (redundant) einzubinden.

Das Skript konzentriert sich auf die für das Anlegen einer Rubrik logischen Abfolge von Einzelschritten. Details des Datenbankzugriffs, die Realisierung der Benutzerschnittstelle und die Abstraktion der Rubrik bleiben dem Skript verborgen. Alle beteiligten Klassen werden Ihnen in den nun folgenden finalen Abschnitten vorgestellt.

Die Klasse Rubrik bildet eine Anzeigenrubrik der Realwelt nach. Der Zugriff auf den Rubriknamen ist nach außen gekapselt.

Die Klasse leistet aber bedeutend mehr:

- Sie verwaltet die Interaktion mit dem Speichermedium.
- Von ihr wird eine Rubrik geladen und gespeichert.
- Sie überprüft, ob eine bestimmte Rubrik überhaupt existiert.

Dem Aufrufer kann es dabei egal sein, ob ein Objekt in einer relationalen Datenbank oder z.B. in einer Datei gespeichert wird. Demzufolge bleiben dem aufrufenden Skript Details wie Tabellenname, Primärschlüssel, Zugriff auf das Speichermedium oder SQL-Abfragen verborgen.

rubrik.inc.php

```php
<?php
require_once "./projekt_db.inc.php";

class Rubrik
{
  private $rubrikname; //Name der Rubrik

  //Datenbank:
  private $db; //Instanz von Projekt_DB
  private $tabelle; //Name der Tabelle
  private $pk; //Primaerschluessel
  private $attribut; //Attribut fuer Rubriknamen

  function __construct()
  {
    $this->db=Projekt_DB::gibInstanz();
    $this->tabelle="rubrik";
    $this->pk="rubriknummer";
    $this->attribut="rubrikbezeichnung";
  }

  function __destruct()
  {
    unset($this->db);
  }

  public function setzName($p_name)
  {
    $this->rubrikname=$p_name;
  }

  public function gibName()
  {
    return $this->rubrikname;
  }

  public function nichtVorhanden()
  {
    $query=sprintf("SELECT %s FROM %s WHERE %s='%s'",
                    $this->pk,$this->tabelle,
                    $this->attribut,$this->rubrikname);
    $this->db->myQuery($query);
    if($this->db->anzahlZeilen()!=0)
    {
      echo "Die Rubrik existiert schon.<br><br>";
```

```
      return false;
    }
    else
      return true;
  }


  public function speicherRubrik()
  {
    $query=sprintf("INSERT INTO %s (%s) VALUES ('%s')",
                      $this->tabelle,$this->attribut,
                      $this->rubrikname);
    $this->db->myQuery($query);
    if($this->db->anzahlBetrZeilen()==1)
    {
      echo "Die Rubrik wurde hinzugef$uuml;gt.<br><br>";
      return true;
    }
    else
    {
      echo "Die Rubrik wurde nicht hinzugef$uuml;gt.<br><br>";
      return false;
    }
  }

//... weitere Methoden: gibRubrik(), gibAlleRubriken() usw.
}
?>
```

Die Attribute $db, $tabelle, $pk und $attribut legen die konkrete Anbindung an die Projektdatenbank bzw. -tabelle fest. Initialisiert werden diese Attribute vom Konstruktor. Der Konstruktor weist $db eine Instanz der Klasse Projekt_DB zu.

Tabelle „rubrik"

rubriknummer (PK)	rubrikbezeichnung
1	Gatronomie
2	Technik
3	Verwaltung
4	Gebäudeservice

Die öffentlichen Methoden nichtVorhanden() und speicherRubrik() interagieren mit dem
Speichermedium. Dem zugreifenden Code bleibt verborgen, ob als Speichermedium eine
relationale Datenbank oder z.B. eine einfache Datei dient. Ändert sich das Speichermedium, müssen am aufrufenden Code keine Anpassungen vorgenommen werden.

Sie können die Klasse Rubrik leicht an eine Anwendung mit abweichenden Bezeichnungen für Tabelle, Primärschlüssel und Attribut anpassen: Ändern Sie einfach die jeweiligen Bezeichnungen im Konstruktor.

Mit unset() wird eine Variable gelöscht oder ein Array-Element vollständig freigegeben.

9.5   Schnittstelle zur Datenbank

Der Klasse Projekt_DB werden zwei Aufgaben zugeteilt: Die erste besteht darin, den aus der Vaterklasse DB_Query geerbten Attributen die für das Projekt gewählten Verbindungsparameter zuzuweisen. Außerdem hat die Klasse dafür zu sorgen, dass mehreren Aufrufern immer nur ein und dieselbe Instanz von Projekt_DB zurückgeliefert wird. Es soll nur über diese eine Verbindung auf die Datenbank zugegriffen werden können.

projekt_db.inc.php

```php
<?php
require_once "./db_query.inc.php";
class Projekt_DB extends DB_Query
{
  private static $db_objekt;

  function __construct()
  {
    $this->db_server="localhost";
    $this->db_name="kino";
    $this->db_user="phpuser";
    $this->db_passwort="geheim";
    parent::__construct();
  }

  function __destruct()
  {
    parent::__destruct();
  }

  public static function gibInstanz()
  {
    if(!isset(self::$db_objekt))
      self::$db_objekt=new Projekt_DB;
    return self::$db_objekt;
  }
}
?>
```

Die Klasse erweitert die von der Klasse DB_Query geerbten Attribute und Methoden. Eine Instanz der eigenen Klasse Projekt_DB wird in $db_objekt untergebracht. gibInstanz() bedient die Anfrage nach einer Datenbankverbindung mit der in $db_objekt hinterlegten Instanz. Die Rückgabe eines Objekts erfolgt standardmäßig als Referenz. Falls $db_objekt bisher noch nicht gesetzt war, wird dies in der if-Anweisung nachgeholt.

Ein solches Muster, das nur eine Instanz herausgibt, wird als Singleton-Pattern bezeichnet.

> **Immer wiederkehrende Entwurfsaufgaben lassen sich durch den Einsatz bewährter Entwurfsmuster (Design Patterns) vereinfachen. Design Patterns unterstützen die Wiederverwendbarkeit von Konzepten und Codes.**

Erfolgt der Zugriff auf eine Klasse nicht über eine Instanz (self::$db_objekt bzw. in „rubrik. inc.php" Projekt_DB::gibInstanz()), so sind die Attribute und Methoden als static zu definieren. self nennt die eigene Klasse als Bezug für den Zugriff auf Attribute und Methoden.

__construct() und __destruct() führen neben eigenen Initialisierungsarbeiten den Konstruktor und Destruktor der Klasse DB_Query aus. Mit parent wird ermöglicht, auf die Vaterklasse zuzugreifen.

Der Einsatz einer Datenbankabstraktionsklasse löst eine Anwendung von einem Datenbanksystem. Erfolgt ein Wechsel auf ein anderes Datenbanksystem, ist lediglich die Klasse DB_Query auszutauschen. So ersparen Sie es sich, Veränderungen am Code der Anwendung vornehmen zu müssen. Dies gilt, sofern die Anwendung nur SQL-Anfragen formuliert hat, die unabhängig vom relationalen Datenbanksystem gültig sind.

Die Klasse DB_Query nutzt die objektorientierte Schnittstelle der PHP-Erweiterung mysqli (siehe Kapitel 9.3).

Methode der Klasse mysqli	Beschreibung
query()	Führt eine Datenbankanfrage aus
fetch_assoc()	Speichert eine Ergebniszeile in einem assoziativen Array
num_rows()	Liefert die Anzahl der Datensätze zu einer SELECT-Anfrage
affected_rows()	Liefert die Anzahl der betroffenen Datensätze einer INSERT-, UPDATE- oder DELETE-Anfrage
close()	Schließt die Datenbankverbindung

db_query.inc.php

```php
<?php
abstract class DB_Query
{
```

```php
  protected $db_server; //Server
  protected $db_name; //Name der Datenbank
  protected $db_user; //Username der Datenbank
  protected $db_passwort; //Passwort des Users
  private $db_verbindung; //Datenbankverbindung
  private $ergebnis; //Abfrageergebnis

  function __construct()
  {
    $this->db_verbindung=new mysqli($this->db_server,$this->db_user,
                                    $this->db_passwort,$this->db_
name);
  }

  function __destruct()
  {
    $this->db_verbindung->close();
  }

  public function myQuery($p_query)
  {
    $this->ergebnis=$this->db_verbindung->query($p_query);
  }

  public function gibZeile()
  {
    if($zeile=$this->ergebnis->fetch_assoc())
      return $zeile;
    else
      return false;
  }

  public function anzahlZeilen()
  {
    return $this->ergebnis->num_rows;
  }

  public function anzahlBetrZeilen()
  {
    return $this->db_verbindung->affected_rows;
  }
}
?>
```

9.6 Benutzerschnittstelle

Ebenso wie der Datenbankzugriff wird auch die Benutzerschnittstelle gekapselt. Die Klasse Rubrikformular liefert Methoden für die Ausgabe des Formulars sowie für die Auswertung und das Auslesen der Benutzereingaben. Alle hierzu benötigten Informationen werden in der Klasse Rubrikformular in einer Liste von Attributen gebündelt.

rubrikformular.inc.php

```php
<?php
require_once "./formular.inc.php";

class Rubrikformular
{
  private $auswertdatei; //aufzurufendes Skript
  private $methode; //get oder post
  private $feldname; //Name des Eingabefeldes
  private $feldgroesse; //Groesse des Eingabefeldes
  private $check_min; //min Anzahl von Zeichen
  private $check_max; //max Anzahl von Zeichen
  private $submitname; //Name des Submitelements
  private $submitbeschriftung; //Beschriftung des Submitbuttons

  function __construct()
  {
    $this->auswertdatei=$_SERVER['PHP_SELF'];
    $this->methode="get";
    $this->feldname="rubrik";
    $this->feldgroesse=20;
    $this->check_min=3;
    $this->check_max=20;
    $this->submitname="ausgefuehrt";
    $this->submitbeschriftung="Rubrik anlegen";
}

  public function gibFormulareingabe()
  {
    return $_REQUEST["$this->feldname"];
  }

  public function gibausFormular()
  {
    Formular::gibausFormularkopf($this->auswertdatei,$this->methode);
    Formular::gibausTextfeld($this->feldname,$this->feldgroesse);
    Formular::gibausSubmitbutton($this->submitname,$this->submitbeschriftung);
```

```php
    Formular::gibausFormularende();
  }

  public function checkEingaben()
  {
    if(empty($_REQUEST["$this->feldname"]))
    {
      echo "Sie haben keine Rubrikbezeichnung eingegeben.<br><br>";
      return false;
    }
    if(strlen($_REQUEST["$this->feldname"])<$this->check_min||
       strlen($_REQUEST["$this->feldname"])>$this->check_max)
    {
      echo "Die Rubrik muss zwischen $this->check_min und
            $this->check_max Zeichen lang sein.<br><br>";
      return false;
    }
    return true;
  }

  public function ausgefuehrt()
  {
    return isset($_REQUEST["$this->submitname"]);
  }
}
?>
```

$_REQUEST vereint die Daten der Arrays $_GET, $_POST und $_COOKIE. Das Array beinhaltet die Benutzereingaben, unabhängig von der Übergabemethode.

Die Klasse Rubrikformular greift auf öffentliche Methoden der Klasse Formular zu. Von der Klasse Formular werden ausschließlich statische Methoden zur Ausgabe von Formularelementen bereitgestellt. Sie ist als Baukasten für die flexible Generierung unterschiedlichst zusammengesetzter Formulare einsetzbar:

formular.inc.php

```php
<?php
class Formular
{
  public static function gibausFormularkopf($p_auswertdatei,
$p_methode)
  {
    ?>
    <form action="<?php echo $p_auswertdatei; ?>"
          method="<?php echo $p_methode; ?>">
    <?php
```

```php
	}

	public static function gibausTextfeld($p_name,$p_groesse)
	{
	  ?>
	  <input type="text" name="<?php echo $p_name; ?>"
	        size="<?php echo $p_groesse; ?>"><br>
	  <?php
	}

	public static function gibausSubmitbutton($p_name,$p_wert)
	{
	  ?>
	  <input type="submit" name="<?php echo $p_name; ?>"
	        value="<?php echo $p_wert; ?>">
	  <?php
	}

	public static function gibausFormularende()
	{
	  echo "</form>";
	}
	//...weitere Methoden: gibausCheckbox(), gibausTextarea() usw.
}
?>
```

Stichwortverzeichnis

Zeichen

$_GET-Array   30
$_REQUEST   199
$_SERVER   47
$_SESSION   164
$this   180
1:1-Beziehungen   74
1:n-Beziehungen   73
__construct()   186
__destruct()   186

A

Abhängigkeit   190
abstrakte Klassen   188
action   28
affected_rows()   196
Aggregation   188
ALTER TABLE   97
Anweisung   23
Apache   9
Array   30, 54
Array-Key   30
AS   117
ASC   113
assoziative Arrays   57
Attribut   72, 179
AUTO_INCREMENT   92
AVG()   118

B

Batch-Modus   86
Bedingungen   36
BIGINT   91
body   14
Body   14

C

call by reference   147
call by value   147
case sensitive   30
CHAR   91
charset   17
Client   68

Client-Server-Architektur   68
close()   186
colgroup   16
Cookie   163
count()   56
COUNT( )   117
CREATE DATABASE   90
CREATE INDEX   98
CREATE TABLE   90
CREATE USER   101
Cronjobs   155
Cross-Site Scripting   169
CURDATE()   115
CURTIME()   115

D

Data Control Language   83
Data Definition Language   83
Data Manipulation Language   83
date()   20
DATE   91
DATE_ADD()   126
Datenbank   68
Datenbankadministrator   85
Datenbankbenutzer   85
Datenbankentwickler   85
Datenbank-Management-system   68
Datenbanksystem   68
Datenkapselung   178
Datentypen   24
DATE_SUB()   127
DATETIME   91
DCL   83
DDL   83
DECIMAL   91
DELETE   128
DESC   113
DESCRIBE   92
Design Patterns   196

Destruktor   186
display_errors   10
DISTINCT   108
DML   83
Dokumentation   65
do-while-Schleife   52
DROP DATABASE   100
DROP INDEX   99
DROP TABLE   99
dynamische Webseiten   8

E

echo   20
Eingabefeld   29
empty()   149
Entität   71
Entitätsmenge   71
Entity-Relationship-Modell   71
Entwicklungsumgebung   10
Entwurfsdokumentation   65
Entwurfsmuster   196
ENUM   91, 160
Equi-Join   121
error_reporting   10
Escapen   174
extends   187
extreme Programmierung   64

F

fetch_assoc()   196
filter_input()   175
Fließkommazahl   24
foreach   57
Foreign Key   78
FOREIGN KEY   95
form   28
for-Schleife   52
Fremdschlüssel   77
Funktion   141
fußgesteuerte Schleife   52

G

GET   28
globale Variablen   146
GRANT   101
GROUP BY   118

H

HAVING   120
head   14
Head   14
html   14
HTML   13
HTML-Formulare   27
HTML-Modus   20
htmlspecialchars()   171
HTML-Tabelle   15
HTML-Tags   13
HTTP   17

I

IDENTIFIED BY   101
if-Anweisung   34
include()   153
Index   56
INDEX   93
Initialisierungen   26
Inline-Dokumentation
   65
input   29
INSERT INTO   105
Instanz   179
INT   91
Integer   24
INTEGER   91
interpretierende Sprache
   9
INT UNSIGNED   91
isset()   48, 149
iterativ-inkrementelle
   Softwareentwicklung
   63

J

JavaScript   169

K

Klasse   179

klassisches Phasenmodell
   61
Kommentare   25, 65
Komposition   189
Konstruktor   186
kopfgesteuerte Schleife
   51

L

LEFT JOIN   124
LIKE   110
LIMIT   114
localhost   13
logische Operatoren   111
lokale Variablen   146

M

mail()   176
MAX()   119
Mehrfachverzweigung   42
method   28
Methode   179
m:n-Beziehungen   73
mysql   85
MySQL   9, 83
mysqladmin   11, 85, 87
mysqldump   85, 87
mysqli_affected_rows()
   157
mysqli_close()   139
mysqli_connect()   136
mysqli_error()   137
mysqli_fetch_array()   138
mysqli_free_result()   139
MySQL Improved Extension
   140
mysqli_query()   137
mysql_real_escape_string()
   174

N

Nachlauf   52
ndizierte Arrays   54
new   179
NICHT-Operator   41
NOT NULL   92
NOW()   115

NULL   92
number_format()   24
num_rows()   196

O

Objekt   178
objektorientierte
   Programmierung   178
ODER-Operator   41
ODER-Verknüpfung   41
ON DELETE CASCADE   95
ON UPDATE CASCADE   95
OOP   178
ORDER BY   113
Outer-Join   123

P

parent   196
PHP   8
phpinfo()   12
php.ini   10
PHP-Interpreter   9
PHP-Modus   20
PHP_SELF   47
POST   29
Primärschlüssel   77
Primary Key   78
PRIMARY KEY   92
private   179
Produktionsumgebungen
   10
protected   187
public   180

Q

query()   196
Querystring   28

R

Radiobutton   34
RAND()   114
REFERENCES   95
referenzielle Integrität
   80
Referenzübergabe   151
relationales Datenbank-
   system   83

relationales Datenmodell 76
require 167
require_once 192
return 147
REVOKE 103
RIGHT JOIN 125

S
Schleifenbedingung 49
Selbstverweis 46
SELECT 107
self 196
Sequenzen 31
Server 68
session_destroy() 164
Sessions 163
session_start() 164
session.use_cookies 10
SET 126
SHOW DATABASE 86
SHOW GRANTS FOR 102
SHOW INDEX 96
Skriptsprache 9
sprintf() 149
SQL 9, 83
SQL-Injection 172
static 196
statische Internetseiten 8
stripslashes() 174

Structured Query Language 9
Strucutured Query Language 83
Struktogramme 31
submit 29
Submit-Button 29
Suchmuster 110
SUM() 118
switch-Anweisung 44

T
table 16
TCP/IP 18
td 16
textarea 160
th 16
TINYINT 91
title 14
Top-down-Verfahren 142
tr 16
type 29

U
Umlaut 16
UND-Operator 40
UND-Verknüpfung 40
Unified-Modeling-Language 187
unique-Index 95

unset() 195
UPDATE 126
USE 90
User Story 64
USING 125
UTF-8 17

V
value 29
VARCHAR 91
Variable 23
Vererbung 187
Vergleichsoperator 36, 110

W
Wahrheitstabelle 40
Wertübergabe 148
WHERE 109
while-Schleife 49

X
XSS 169

Z
Zählschleife 52
Zeichenkette 24
Zeichenkodierung 17
Zuweisung 32
Zuweisungen 23

Bildquellenverzeichnis

Asmuth, Markus, Edingen-Neckarhausen: 12.1, 14.1, 16.1, 19.1, 21.1, 23.1, 26.1, 28.1, 28.2, 34.1, 35.1, 38.1, 39.1, 40.1, 43.1, 45.1, 46.1, 51.1, 54.1, 55.1, 57.1, 59.1, 86.1, 135.1, 142.1, 154.1, 154.2, 155.1, 157.1, 161.1, 162.1, 163.1, 165.1, 167.1, 170.1, 171.1, 173.1, 177.1, 182.1, 184.1, 185.1

stock.adobe.com, Dublin: 1xpert 70.1; adisa 7.1, 21.2; alekseyvanin 121.1; amin268 169.1; auremar 184.2; BearfruitIdea 156.1; Beboy 176.1; Berkmann, Daniel 65.1, 159.1; davooda 86.2, 87.1, 101.1; Fabian 8.1; Rawpixel.com 9.1; RealVector 8.2; REDPIXEL 64.1; semisatch 84.1; smile3377 27.1; snvv 60.1; Stall, Vector 83.1; t-vector-icons 11.1; teracreonte 141.1; viperagp 69.1; zaurrahimov 10.1, 92.1